"向古人学生活·中国传统文化中的美学"
系列丛书

# 动物不凶猛

## 叫醒文物里的神兽

欢颜 著

中国财经出版传媒集团
中国财政经济出版社
北京

图书在版编目（CIP）数据

动物不凶猛：叫醒文物里的神兽 / 欢颜著 . -- 北京：中国财政经济出版社，2024.4

（"向古人学生活·中国传统文化中的美学"系列丛书）

ISBN 978-7-5223-2877-5

Ⅰ.①动… Ⅱ.①欢… Ⅲ.①文物-介绍-中国 Ⅳ.① K87

中国国家版本馆 CIP 数据核字（2024）第 045238 号

责任编辑：潘　飞　孙　琛　　　责任印制：史大鹏
策划编辑：潘　飞　　　　　　　责任校对：胡永立

动物不凶猛
叫醒文物里的神兽
DONGWU BU XIONGMENG
JIAOXING WENWU LI DE SHENSHOU

中国财政经济出版社 出版

URL：http：//www.cfeph.cn
E-mail：cfeph@cfemg.cn
（版权所有　翻印必究）

社址：北京市海淀区阜成路甲 28 号　邮政编码：100142
营销中心电话：010-88191522
天猫网店：中国财政经济出版社旗舰店
网址：https://zgczjjcbs.tmall.com
中煤（北京）印务有限公司印刷　各地新华书店经销
成品尺寸：170mm×230mm　16 开　21.25 印张　215 000 字
2024 年 4 月第 1 版　2024 年 4 月北京第 1 次印刷
定价：108.00 元
ISBN 978-7-5223-2877-5
（图书出现印装问题，本社负责调换，电话：010-88190548）
本社图书质量投诉电话：010-88190744
打击盗版举报热线：010-88191661　QQ：2242791300

# 前言

2005年的秋天，我重新走进校园，开始了硕士研究生的生活。工作九年，离开当时正如日中天的某央企，我很珍惜这来之不易的学习机会。有人问我："什么时候开始爱上学习？"我认真思考后回答："工作以后。"

工作以后，不一定知道自己热爱的是什么，却清楚地知道自己厌恶的是什么。如果"感觉自己被掏空"，那么，"厌恶"也可以成为"学习改变命运"的强大动力。

回学校后，我开始像海绵一样，疯狂地吸收各种知识，试着找出自己的所爱。那时，我白天上各种专业课，晚上去上选修课或是听讲座，业余时间看各种书。没有目的，全凭兴趣。也是在那时，我选修了"中国青铜器"，一点点爱上了文物。

硕士毕业后，我继续读博。因为是在清华大学，所以有了更多的机会，发展自己的爱好：我去北大考古系听课，在清华美院学习陶瓷、佛教造像等，周末去北京的各个博物馆参观。

还记得马未都的观复博物馆在一个很远的地方，要坐很久的地铁前往。一个收费的私立博物馆，却对有教师证的人免费，这在全国的旅游文化景点都不多见，忽然间就有点受宠若惊。马先生用这样的方式，表达对教育的尊重，让我肃然起敬。

假期一个人背着包在全国各地看博物馆。2009年的夏天，大同的云冈石窟正在维修，尘土飞扬，景点正常开放，门票减半。我心下窃喜，顶着漫天黄沙，一路小跑冲入窟内。在佛像前久久地凝视，看光影变幻，心生感动。

再后来，我在复旦大学做社会学博士后，近水楼台地去复旦大学文博系学习。文博系在古老的相辉堂旁边的小楼举办讲座，讲厅古朴典雅，木制的椅子、雕花的长桌，感觉穿越回了西园雅集的时代。我每场不落地坐在第一排听讲，以至于文博系的学生都以为我是他们专业的老师，而文博系的老师则问我是他们系哪个导师的学生。

这么多年，文博都只是我的业余爱好。我是一个社会学者，也是一个专业的传播人。大家都说"如果你想毁掉一个爱好，就把它变成你的职业"，所幸，文博不是我的职业，我依然爱它。

因为热爱，我投入了巨大的时间和精力。每年都要自费看上百场博物馆展览，全国各地飞。还清楚地记得，在江西省多地连续看展、拍照，最后手腕累伤了。在江西省博物馆，贴着膏药继续看展、拍照，朋友为我留下一张贴着膏药的手的特写。至今，我的两个手机里还留存有十余万张资料图片。

回来整理笔记、查资料、看论文，做线上线下的"走进博物馆"

系列公益讲座。这一做，就是六年，也留下了一百多本手写的笔记和两百多场讲座。

不管别人怎样夸赞"学霸""别人家的孩子"，我清楚地知道我并没有什么"天纵之才"，无非把别人啃骨头的时间用来啃书罢了。我是一个笨人，下的都是笨功夫。那些深夜苦读、埋首记录的安静时光，成为我内心的底气。"人生没有白走的路，每一步都算。"

偶尔，我会把与文物有关的内容写成文章在我的公众号"云起花开"上发表。因为这样的机缘，被朋友和编辑发现。与编辑相谈甚欢，于是起心动念，写了这本《动物不凶猛：叫醒文物里的神兽》。

2022年暑假，我做了一场西北石窟艺术之旅。半个月的行程，结果第三天就在敦煌洞窟里冻病了。精心策划的旅程，没舍得放弃，发着烧、带着病完成了全程。回来后久咳不愈，也正好有了一块完整的时间，用一个月左右，把初稿写完。

写作的过程充满了激情，我喜欢这样信马由缰、汪洋恣意的书写。看过的展览、拍过的十余万张图片，它们在我脑中飞转。想到一个有趣的动物文物，有了创作的冲动，我就把它的图片找出来，对着它，一通输出。

看到北燕冯素弗墓出土的虎子，想到曾经的"百兽之王"居然成了尿壶，那巨大的反差与张力，让我忍不住提笔写下《羞煞虎也》；看到成化斗彩鸡缸杯，生动的鸡与帝妃之间难以琢磨的爱情，爱有很多种，却不可说，不可说，于是有了《鸡缸杯里的历史风云》；看到西周时期燕国青铜鬲上的大象，为古代工匠的创意与匠心折服，就想问一句《象：这么炯炯有神的大眼睛，瞪你咋啦？》……

书写得很快，慢的是这近二十年的积累。这本书，是热爱结的果，它很纯粹，也很热烈，像一坛老酒，有岁月的浓郁。

我是一个文艺女青年，书写，是我们那个时代特有的浪漫。在文博领域浸濡了近二十年后，我更加知道读者的"痛点"在哪里，也坚定了我以跨学科的身份，用生动有趣的文字，把考古的知识、历史的典故、个人的感悟表达出来。

我不是文物专家，只是一个文化学者，一个研究者、思考者、传播者、跨越壁垒者，用我的所长，在读者与专家之间架起一座"桥"，让更多的人，看到"桥"那边的风景。

《动物不凶猛：叫醒文物里的神兽》就是我送你的"桥"。"你站在桥上看风景，看风景的人在楼上看你。"愿每一个跨上"桥"的读者，都能看到历史深处的风景，也能"装饰了别人的梦"。

欢　颜

2023 年 12 月

# 目 录

## 龙 篇

龙和它的小伙伴们 // 3

盘龙石砚的美好时光 // 13

身为女性,别老想着穿越回宋,大唐不香吗? // 23

东北的龙:飞累了,我坐会儿! // 35

玉带钩里的龙和它们的故事 // 45

## 马 篇

少年英雄霍去病与他的墓前石马 // 55

你见过"马踏飞燕"的正面照吗? // 75

一对鎏金马镫引发的千年迷思 // 85

舞马衔杯银壶里的历史往事 // 95

## 骆驼篇

骆驼才是"带货王" // 115

## 鸡篇

鸡缸杯里的历史风云 // 129

## 虎篇

羞煞虎也 // 141

## 豹篇

以"席"为天地,"豹哥"镇一方! // 153

## 狗 篇

做人有时还真的不如一条狗唉！// 165

怂成这样，你这是要给贼开门吗？// 173

## 牛 篇

脚踏实地，我最牛！// 185

## 象 篇

这么炯炯有神的大眼睛，瞪你咋啦？// 195

## 鱼 篇

金代的鲤鱼为什么那么肥？// 205

## 熊 篇

熊才不熊呢！// 217

"英雄"归鹰，我只管熊！// 227

## 猪 篇

生命的终点，他们会抓住什么？// 237

槽边风云 // 245

## 雁 篇

拒当孔子伴手礼！// 259

雁鱼灯说：要有光！// 265

## 鸟 篇

海东青——一只鸟引发的战争 // 279

孔子：我没"曰"过！ // 289

今人"撒狗粮"，古人"撒鸟食" // 297

傲娇的鹗，骄傲的人 // 305

千面朱雀，竟撞脸"二哈"？ // 315

后　记 // 323

叫醒
文物里的神兽

龙和它的小伙伴们

盘龙石砚的美好时光

身为女性，别老想着穿越回宋，大唐不香吗？

东北的龙：飞累了，我坐会儿！

玉带钩里的龙和它们的故事

# 龙和它的小伙伴们

不管是『龙凤呈祥』，还是龙与虎的『金玉良缘』，只要龙出场，它身边的小伙伴们都自带光芒。什么时候，动物界也流行起了『门当户对』？

龙的形象，我们见过很多，有单独出现的，也有组团出场的。能和龙组团的，通常也不是寻常之辈，毕竟，人家大龙的身份地位在那摆着，不是谁想傍身就能傍身的。

最常在龙身边出现的是凤，龙凤呈祥，我们把这样美好的寓意送给这一对组合，而这一对组合也不负众望，总是慰我们以爱、以暖、以美，以一切美好的想象。

我所见过的龙凤玉佩，最美的是广州西汉南越王博物馆的这一枚，没有之一（见图1）。许是因为这样的盛世美颜，让它成为博物馆的馆徽。

图1　汉代　透雕龙凤纹重环玉佩　西汉南越王博物馆　藏

去西汉南越王博物馆，远远看见的，先是它的馆徽——透雕龙凤纹重环玉佩（见图2）。先声夺人，如此精美的玉佩，让人一下子就爱上了，不由得加快了脚步，赶赴一场文化之约。

图2　西汉南越王博物馆馆徽

这枚玉佩分内外环，龙在内环，有兽形，孔武有力，龙爪伸出内环，蹬在外壁上，打破这条框的限制，也与凤联系在了一起。外环的凤，就站立在龙强健有力的前爪上，美丽的领羽和尾羽延伸成一个闭环。最妙的设计，是凤的回眸与龙的凝视，二者深情对望，是爱情最美的样子。

图3 汉代 南越王赵眜组玉佩 西汉南越王博物馆 藏

虽然因为玉质不够好，影响了这枚玉佩的表现力，但就图案造型而言，所有的玉佩，无出其右。这枚玉佩灵动而有生命，它是人间爱情的呈现——愿天长地久，和你一起慢慢变老。

龙与凤的组合，还有一龙配二凤。图3中的西汉南越王博物馆这件组玉佩，是由多件玉器串联而成，其中一件玉璧，就是一龙二凤的组合。

西周时盛行以璜为主的大型组玉佩（见图4），晋侯墓地出土的一套超级组玉佩，由204件玉器组成，有32件玉璜之多，为目前已知最大的组玉佩。汉代的组玉佩已趋于简化，当时，地处偏远的南越国，跟不上长安的时尚风，还在沿袭先秦时的用玉传统。

图5中的这件组玉佩中，有一枚龙凤涡纹玉璧，就是一龙二凤的

组合。龙在内环，二凤在外环外侧，形制规整，造型也有可圈可点之处。只是，这二凤各自扭头他顾，让里面的龙好生愤怒，看起来像困兽犹斗。

记得有一次带学生去参观博物馆，馆内有一复原墓。学生指着棺内的一具人骨说："老师，这是个女的。"我说："你怎么知道？"学生胸有成竹地说："她戴着项链呢。"

墓中人所佩戴的就是这种组玉佩，但是，当时男女皆戴组玉佩，并不能由此推断墓主人就是女性。社会在变，我们今天的经验并不能套用于古人。

古代王公贵族佩戴图6中的这种组玉佩，用于规范礼仪和表示身份。佩戴组玉佩，走起路来要不徐不疾，组玉佩才能发出美妙的撞击之声，如同一首好听的音乐。如果遇事慌乱，走路失了节奏，组玉佩就会发出杂乱之音，这是古人极力避免的。

图4　周代　组玉佩　山西博物院　藏

图5 汉代 龙凤涡纹玉璧 西汉南越王博物馆 藏

河南信阳长台关楚墓出土木俑　　湖北荆州武昌义地楚墓出土木俑

图6 楚墓出土的绘有佩戴组玉佩的木俑（博物馆资料图片）

通俗点说,组玉佩是在提醒佩戴者,要有"泰山崩于前而色不变,麋鹿兴于左而目不瞬"的超稳定心理素质,只有这样,才是不失礼的。

龙与凤的组合,到了河北易县,曾经的战国七雄之一的燕国,就画风突变,不见了温婉柔和,代之以雄壮威严。图7中的这件透雕龙凤纹铜铺首,是燕国宫殿大门上的门环,也是中国目前所见最大的铜铺首。这件铺首,兽首衔环形,兽首上部正中站立凤鸟,两侧盘绕长龙。凤威严,龙灵动,一副王者气概。战国是一个烽烟四起的时代,这样的宫门铺首,想必让每一个燕人都平添了些许豪气,也让每一个敢觊觎燕国的对手,生出了些许寒意吧。

图7 战国 透雕龙凤纹铜铺首 河北博物院 藏

铺首,一直沿用到现在。今天,我们在很多地方还能见到它。兽首衔环,那个环,就像是今天的门铃。我们去别人家拜访,要先用环叩门,告诉主人家,有人来了,以示礼貌。

龙除了与凤组合,也有和虎的组合。都说龙凤呈祥,那龙与虎呢,"龙虎斗"吗?

广州西汉南越王博物馆的这件龙虎并体玉带钩(见图8),我们看到的不是"龙虎斗",而是龙虎"逗"。龙在一头用口咬住玉环,虎在另一头,用小爪爪拨弄着同一个玉环。二者通过这个玉环隔空有了互动,像是兄弟二人的嬉戏,让人感慨这相亲相爱的一家人。

图8 汉代 龙虎并体玉带钩 西汉南越王博物馆 藏

还有图9中的这件龙虎带钩，原本是一件龙形玉佩。后来，在使用的过程中，龙尾部不慎摔碎。当时的南越王国，玉是如此珍贵，即便是皇家，对玉也是珍爱有加。断裂的玉佩，配上一个虎头金钩，就变成了龙虎带钩。

图9　汉代　虎头金钩扣龙形玉佩　西汉南越王博物馆　藏

这件龙虎带钩，玉质的龙，金做的虎，二者在一起，成就了一段"金玉良缘"。如此的巧思，用残器成就一件杰作，这就是古代工匠技艺的最高境界。

不管是"龙凤呈祥"，还是龙与虎的"金玉良缘"，只要龙出场，它身边的小伙伴们都自带光芒。什么时候，动物界也流行起了"门当户对"？

# 盘龙石砚的美好时光

想起东汉那件霸气的六龙戏珠石砚台,那不是书写最好的时代,却是砚台最美的时光。

第一眼看到图1中的这个砚台,我就猜测它是东汉晚期的,看介绍,果然不出所料。这件河南博物院的六龙戏珠石砚台,出土于河南省南乐县,为墓主人生前实用物,时间为东汉延熹三年(公元160年)。

图1　汉代　六龙戏珠石砚　河南博物院　藏

很多人觉得神奇,你怎么知道是东汉晚期的?其实,主要还是看得多了。

首先,这是一块汉代砚台。

汉代及以前砚台的材质多为普通石料,这块砚台材质为石,但制作比较精良,推测可能为汉代砚台。研磨面为平面,整个砚台并没有能积蓄墨汁的凹槽,说明这是在纸张普及以前使用的早期砚台。

汉代主要的书写材料为简牍，即用竹和木制作的书写材料（见图2）。东汉时，宦官蔡伦发明了"蔡侯纸"，元兴元年（公元105年）奏报朝廷，汉和帝下令推广他的造纸法。但是，纸的普及，还要等到这以后很久。

竹木简牍，这两种材质制作的书写材料体量都不大，上面的字迹也很小，所需墨汁不多，一块平板的砚台，研一点墨，就足够书写。如果研多了，反倒容易造成浪费。

图2　汉代 《仪礼》简　甘肃省博物馆　藏

写到这，想起了发哥主演的电影《孔子》。影片中，简书不慎落水，颜回奋不顾身跃入水中，去抢救珍贵的简书，"贤者"颜回就此献出年轻的生命。故事虽然很感人，但却是一个美丽的错误。

制作竹简，先把竹子切成很薄的竹片，还有一道重要的工序叫"杀青"，就是要去除竹子中的水分。"杀青"这道工序完成，竹简就制作完成了。今人用"杀青"这个词，比如电影杀青，都是由此而来。

经过切削、杀青的竹简，质量很轻，根本不可能沉入水中。这就好比把一块干透的木头投入水中，它只会漂浮在水面上，而不会像影片中一样跟黄金似的往下坠。一想到那个"一箪食，一瓢饮，在陋巷，人不堪其忧，回也不改其乐"的颜回，这样"屈死"，我就抑制不住想打导演的冲动。

汉代的砚台多是一块磨平了的石板，还有一小块磨石配合使用。图3中的这件西汉南越王墓出土的石砚，朴素无华，是早期石砚的代表。

图3  汉代  石砚  西汉南越王博物馆  藏

因为所需墨汁不多,当时的墨也多为小粒。这些和西汉南越王墓石砚同时出土的墨粒即为证明(见图4)。

图4 汉代 圆饼形墨丸 西汉南越王博物馆 藏

最有趣的是图5中的这张纸上面的字——"这是出土墨丸的墨色",这字由当时参与南越王墓考古的考古学家书写。谁说考古学家都是板着脸的,在他们严谨的外表下,藏着一颗有趣的灵魂。他们偶尔调皮一下,两千年前的文物就散发出别样的风采。

图5 汉墨书写(博物馆资料图片)

写在简牍上的字,如果有误,很难在上面直接涂改。所以,那时的书写者需要修改的时候,要用书刀小心刮去表面部分,重新书写方可(见图6)。

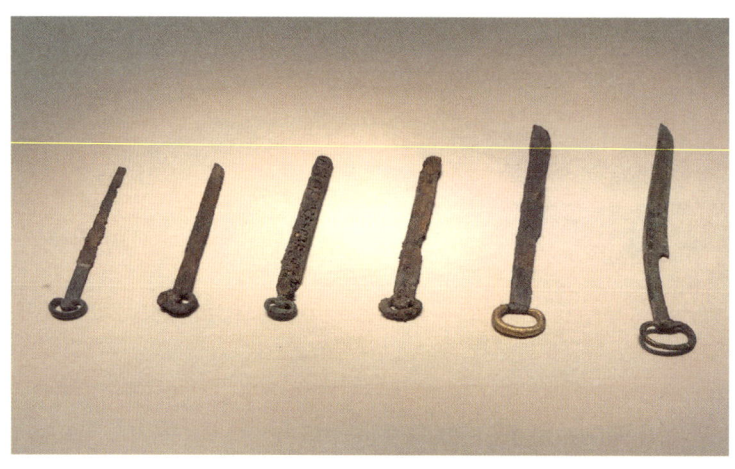

图6　汉代　铜书刀、铁书刀　河北博物院　藏

过去专门负责书写的人,要随身携带书刀。他们所用的笔,笔端削成椭圆形,不用时可以像簪子一样插在头上。这些人就是所谓的"刀笔吏"(见图7)。

汉代简牍书写材料体量不大,书写时也不需要大量的墨汁,只用一点点,随写随磨就够了。因此,汉代的砚台一般体量都不大。

图7　佩书刀人物(博物馆资料图片)

图1中的六龙戏珠石砚台。制作精美，体量很大，可以研磨更多的墨汁，说明它的书写材料，很有可能已经是纸而非简牍了。而且，这个时期，纸张虽没普及，但价格可能已经明显下降。据此推测，这可能是东汉推行蔡伦造纸法以后的若干年，亦即东汉晚期。

图1中的这块六龙戏珠的石砚台，有三个兽足，砚面很大，盖钮为一珠，六条龙聚向盖钮，呈六龙戏珠状。砚面外沿阴刻隶书铭文，大意是说这块砚当时价值两千钱。价格高昂，但物有所值。

唐代因为纸张的普及，书写的字开始变大，用墨也多，这个时期不但墨块变大了，砚台也开始有了凹槽，能够积蓄更多的墨汁，方便书写。图8中的这块唐代白瓷辟雍砚，造型是仿周天子讲学的地方。史书记载，周天子讲学的地方叫辟雍，呈圆形，四周有水，架桥通行。

图8 唐代 白釉辟雍砚 天津博物馆 藏

看到周天子讲学的地方，原谅我不厚道地笑了。原来这才是硬核防逃课啊，吊桥一拉，插翅难飞。

砚随纸变，真正决定砚形态的是纸的发展。唐代的纸张生产已经很发达了，不仅有普通的书写纸，还有艺术纸。唐代著名才女薛涛发明的"薛涛笺"，纸是粉红色的，上面还印着花，纸笺小巧便于携带，方便诗人随时随地记录灵感，一时间成为文人墨客的案头品，也提升了成都在造纸史上的地位，在中国造纸史上留下浓墨重彩的一笔。

关于才女薛涛，除了她的诗文和"薛涛笺"，大家更关注的是她和文学家元稹的爱情。据说，这场轰轰烈烈的姐弟恋，因元稹的多情，无疾而终。才子与才女的爱情，总是让人多了很多想象，人们也总是希望王子与公主能幸福地生活在一起。

在唐代，笔、墨、纸、砚都很发达。四大名砚就是在唐代形成。图9中这件宋代的砚台是四大名砚之一的歙砚，也叫歙州砚。与甘肃洮砚、广东端砚、山西澄泥砚齐名。歙石的产地以婺源与歙县交界处的龙尾山下溪涧为最优，歙石纹理精致，细腻滑润。

有一次，我和朋友去一个上海富豪家，主人是安徽人，豪宅用歙石铺地。我俯下身，摸了摸脚下的地板，感受到歙石润滑的肌理，忽然为这块石头悲哀起来。它原本是读书人的心头好啊，被精心呵护，被放置在案头，陪伴着书生度过无数有书香墨韵的时光。如今，它却成为主人炫耀财富的资本，被无数名流巨富踩在脚下。不知他们走过的时候，有没有一丝心痛。而我，因为莫名的缘由，经历这样的煎熬，每走一步，仿佛都能听到一声细微的呻吟。

图9　宋代　三足铭文歙砚　陕西考古博物馆　藏

　　想起东汉那件霸气的六龙戏珠石砚台,那不是书写最好的时代,却是砚台最美的时光。那六条霸气的龙,游走在它们的风云里,咆哮与怒吼,响彻云霄……

## 龙篇

身为女性,别老想着穿越回宋,大唐不香吗?

这就是大唐,开阔的、激扬的、乐观的大唐。

提起唐，总让人想起"大唐盛世"。直到今天，海外华人还用"唐人街"来纪念曾经的辉煌与荣耀，大唐的最后一抹余光，依旧有动人心魄的美。

大唐的精神是昂扬向上、雄健进取的，这从陕西历史博物馆的一条小金龙上即可看出（见图1）。金龙体量不大，只有二十几厘米，但气势磅礴，像极了那个时代。

这条小金龙，它身上所有能活动的部位都向上立了起来：它的两条后腿蹬向天空；尾巴上翘；须发挺立；龙角、肘鬃也向上立起……

图1　唐代　鎏金铁芯铜龙　陕西历史博物馆　藏

这就是大唐，开阔的、激扬的、乐观的大唐。大唐的时代风格，是南北融合的结果。唐承隋，就连唐高祖李渊，和隋炀帝杨坚也是亲亲的表兄弟。而隋是承继北周，统一全国。说到底，是北方统一了南方。

在这样的统一过程中，全国实现了民族大融合。唐高祖李渊本身就是民族大融合的结晶,他的父亲是汉人,母亲则是鲜卑族的独孤氏。

说起独孤氏,一定要说说她的父亲,这个"史上最牛的老丈人"——独孤信。

陕西历史博物馆有一枚多面体煤精组印,即为独孤信西魏时期所有(见图2、图3)。这枚印的发现很神奇,一个小孩子在放学回家的路上,看见一个小石子,就一路踢回了家。而这个小石子,就是独孤信生前所拥有的煤精组印。相比于这枚印的主人,这些传奇都是小巫见大巫。

图2　西魏　独孤信多面体煤精组印　陕西历史博物馆　藏

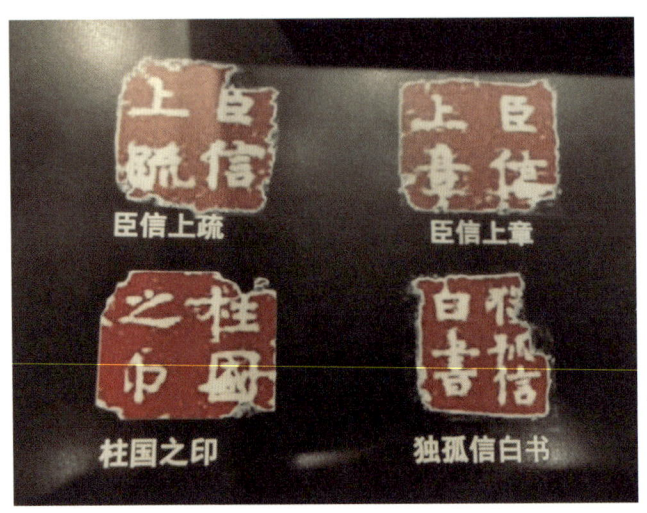

图3 西魏 独孤信多面体煤精组印印章图（博物馆资料图片）

独孤信是鲜卑族，生活在西魏和北周时期，是朝中重臣。他不仅位高权重，还长相俊美。《周书》里记载他："美容仪。"形容古代男子俊美，我们通常会说"貌比潘安"，却不知道，独孤信的美也曾让世人迷狂。

话说有一次，独孤信回城晚了，担心城门关闭，于是快马加鞭，帽子歪了也没管，一路狂奔，终于在城门关闭前进了城。他进城的时候狼狈不堪，骑着马，歪戴着帽子，一城的人都见证了这个时刻。结果，第二天，神奇的事情发生了，全城的男子都歪戴着帽子出来了。由此，留下了一个"侧帽风流"的典故。

千百年来，人性不变。无论男女，不管是"东施效颦"，还是"侧帽风流"，人们对美的追求都是那么强烈、那么赤裸裸，也那么惨不忍睹。

独孤信的俊美，我们无缘一见，但都说女儿像爸爸，从独孤信女儿的辉煌，可知此言不虚。

独孤信有七个女儿，其中三个贵为皇后，分别是北周的明敬皇后、隋朝的文献皇后、唐朝的元贞皇后。虽说成为皇后离不开家族的地位显贵，但颜值显然也是相当能打。

仅凭此，独孤信可能就是"史上最牛的老丈人"，能跟他掰掰手腕的，恐怕只有民国时期的宋耀如了。不过，还是略逊一筹。

独孤信是鲜卑人，唐高祖李渊也有至少一半的鲜卑血统。不过古代人不懂得什么基因工程，也不懂得遗传学，他们简单地把血统的传承当成是父系一方的事，至于母亲是什么血统，其实是无关紧要的。

当李氏皇族被注入了胡人血统以及胡人的文化时，中原民族依旧只认他们的汉人正统身份，所以，他们既没有被排斥，又融入了新鲜的血液。真可以说是上天有意成全大唐的辉煌，一个开放的、辽阔的、气象万千的大唐，它空前，也绝后。

唐高祖李渊是个好皇帝，懂得审时度势。当历史的天平不再倾向他的时候，他急流勇退了，把帝国交给更合适的人——他的儿子——唐太宗李世民。

李世民是通过发动军事政变——"玄武门之变"，夺取政权的。虽说不符合正统，但从另一个侧面，也可以看出来，这是一个有勇有谋、雄才大略的皇帝。大唐在他的苦心经营下，留下了"贞观之治"的盛世。

盛世总是有盛世的气象。唐代的龙就是这个盛世气象的具体而微的呈现：这时的龙，有兽形，而不是后来的蛇形，它更像是一头猛兽，张牙舞爪。这一点，从四神瓦当上龙与虎的对比中，可以明显看出来。龙的四足与虎的四足，简直是孪生（见图4、图5）。

图4　唐代　青龙瓦当　陕西历史博物馆　藏

图5　唐代　白虎瓦当　陕西历史博物馆　藏

唐代青铜镜上刻画的龙,同样如此。这个极尽张扬的龙,四足伸展,前足登天,后足蹬地,四足都舞动起来,形成一个闭环,构成艺术上饱满的美感。龙的四肢粗壮,充满了力量感,张大的口与飞扬的须,让人一望可知,这是个惹不起的主(见图6)。

图6 唐代 "千秋"铭龙纹镜 陕西历史博物馆 藏

这就是大唐,气象万千的大唐,空前绝后的大唐,它开放包容、昂扬向上。它让人血脉偾张,它有"长风几万里,吹度玉门关"的潇洒,也有"大漠孤烟直,长河落日圆"的雄壮。

一入宋,像是川剧的变脸,威武雄壮的唐龙瞬间变成了弱不禁风的宋龙,气势全无(见图7)。这种视觉上的强烈反差其实并不是一夕之间完成的,而是有着五代十国的长期过渡与演变。

图7 宋代 "李贤制造" 八菱形镜 广东省博物馆 藏

当南唐后主李煜吟风弄月,抚栏伤怀的时候,当"一江春水向东流"的时候,有什么东西,悄无声息地改变了。

今天,人们常说"唐宋之变"。神奇的龙仿佛也感受到了这时代的风云突变,它摇摆身姿、变幻身形,瞬间隐入了宋代的市井生活……

"弱鸡"的宋龙就像"弱鸡"的宋朝——不仅版图龟缩一隅,整个时代的精神风貌也为之一变。这个时候，文人治国，武将的地位开始一落千丈。从来没有哪一个时代，武将的地位像宋朝那样低。

究其原因，固然是吸取唐的教训，防止武将割据、节度使叛乱，但也不排除跟宋太祖赵匡胤的上位有关。想当年，"陈桥兵变"时，赵匡胤在部下"黄袍加身"的逼迫下，扭扭捏捏、半推半就地登基了。

这场戏，不一定是赵匡胤导演的，却是他最想演的。总有聪明人，能揣测上意，想你所想，难你所难，主动出来为你分忧，而你，只需要配合就好。

赵匡胤是一个好演员，戏演得真，但是，影帝毕竟不是世袭的，他能演好，别人未尝不可。内心如此清楚自己是如何上位的赵匡胤，有理由担心，其他的武将，会不会在有实力后也来场"黄袍加身"的戏？为了江山永固，打压武将，是他的理性选择。

宋朝的武将，不管功劳多大，在文臣面前都是低人一等的。所以，他们也努力向文人靠拢，文人做诗词，他们也做。读岳飞的《满江红》，文采一点不输，而气势更盛。这样不受统治者待见的气势，成就了他的功业，也毁掉了他的一生。

岳飞走时才31岁，他浓缩的一生，就此定格在"精忠报国"的故事里。而千年替罪羊——秦桧，则跪在地上，接受后世无数人的白眼、审判、唾弃，甚至拳打脚踢。杭州西湖边秦桧夫妇的青铜跪像，脸被抽打得光可鉴人。

同样都是聪明人，帮赵匡胤黄袍加身的，享受荣华富贵；替赵构排忧解难的，却要遗臭万年。上哪说理呢？夜深了，西湖终于安静了下来，秦桧摸了摸白天被抽得有些肿胀的脸，望了望夫人同样被抽得有些肿胀的脸，"相顾无言，惟有泪千行。"

武将被打压，尚武之风不传。整个大宋，都溢满了弱柳扶风般的文人气质。宋代理学盛行，世人通过寒窗苦读求取功名，文弱书生成了时代风尚。

陈寅恪先生对大宋极尽赞美："中国文化，造极于赵宋之时。"若能穿越，今人最想回去的，恐怕也是风雅大宋——那个文化昌盛、生活富庶、充满了市井气息的宋代。更何况，大宋还立下了"不杀文人"的祖训，这简直就是文人的免死金牌啊。

今天的人，哪个穿越回去还不是个文化人呢？简直不要太爽了，每天过着插花、点茶、闻香、赏画的四雅生活，吃着夜市，赶集购物，蹴鞠、相扑、扭秧歌，这样的生活不香吗？

且慢，这里面，其实并没有女人什么事。宋代上流社会的女人开始普遍缠足，畸形的脚，走不了太远的路。从此，看风景、自由出行，都不再可能。

缠足，使女人变成了"大门不出，二门不迈"的大家闺秀，多么痛的转变啊！看过缠足的相关介绍以及缠足的工具，身体竟不由自主地惊起一身鸡皮疙瘩，简直就是一场漫长的酷刑。

这样的宋，以及这个时期的龙，怎么看都像是赶上了百年大旱，龙吐尽最后一口血水，累得瘫软在地，从此开始气血两亏。

不知道是因为女性的代入感，还是宋龙本身的孱弱，让我在注视的时候，无限地怀想大唐，怀想那个风云激荡的时代，那样意气风发的唐龙——那么骄傲！

龙篇

东北的龙…飞累了,我坐会儿!

几千年来,不仅龙的形象发生了巨大的改变,就连龙的姿势,也在随时调整,这还真是涨『姿势』了。

东北有句俗语,"好吃不过饺子,坐着不如倒着"。众所周知,东北人爱吃饺子,过去家里来了客人,包顿饺子,拌个凉菜,喝上二两热烧酒,就是最高等级的招待了。至于说"坐着不如倒着",倒不是因为东北人懒,很可能是因为东北的大炕,人坐在上面没有依靠,久了会乏累,自然而然就斜倚在炕上了。

我读书后离家,久不居东北。记得有一年冬天回家,去拜访以前的发小,我们坐在她家的大炕上闲聊,许是时间久了,她把炕上的被子一拉,说,我们靠着聊吧。

东北人爱倒着,东北的龙却喜坐。我们见过盘龙、团龙、行龙、飞龙……,而坐龙是东北的肃慎族系开创的。肃慎族系,在不同的时期有不同的叫法,宋代时称女真,金国就是由女真人建立的。图1中的这件金代铜坐龙,是黑龙江省博物馆的镇馆之宝。

图1　金代　铜坐龙　黑龙江省博物馆　藏

东北到处都有它放大了的复制品，威风凛凛。别的龙都飞着、跑着、走着，为什么唯独东北的龙这么懒，坐着一动不动，跟个爷儿似的（见图2）？

对了，肃慎族系在清时叫满洲，满人喜欢称"爷儿"。今天的老北京还有"爷儿"文化，经常能听到北京人说"这位爷儿""爷儿走好"，以及流行语"爷儿青回"（爷儿的青春又回来了），

图2　黑龙江省博物馆铜坐龙雕像

甚至他们把动物也称爷儿，比如"兔爷儿"，这些都是当年满人风俗习惯的遗存。

关于东北的龙为什么爱坐着，众说纷纭，我个人认为，还是和他们热爱的东北虎有关。这个坐姿是典型的猫科动物的姿势。坐在高处的东北虎，目视远方，威严无以复加。谁要是胆敢瞅一眼，东北虎定会咆哮如雷："你瞅啥？"，一跃而起……，而这样坐着的龙，是不是也有点虎虎生威呢？

金代坐龙,很多作为建筑装饰,放在屋脊,正如东北虎喜欢蹲坐在高处,所谓"目之所及,皆为朕的江山"。其实不只是东北虎,猫科动物似乎都有这个习性。养过猫的人都知道,家里的猫最喜欢占据制高点,蹲坐在那里,像一尊大神。

要说女真人对东北虎的喜爱,从金代遗存的众多虎形瓷枕上可以"管中窥虎"(见图3)。话说这个成语原本就是"管中窥虎",唐代为避太祖李虎的讳,把"管中窥虎"改成了"管中窥豹"。

图3　金代　黄褐白釉地黑彩虎枕　故宫博物院　藏

与金同时期的宋,瓷枕上是书法、花鸟、童趣,充满了世间生活的情趣。图4中的这件宋代磁州窑的瓷枕,画出了一个小孩垂钓的快乐。寥寥几笔水波纹,眼前就是一片江湖。瓷枕上,亦是一个宋代书画的舞台、一片文人审美的世间、一个岁月静好的人间。

图4 宋代 白釉黑彩孩儿垂钓纹瓷枕 河北博物院 藏

金代的瓷枕，不同于宋代的文人审美，明显更加质朴、浑厚。都说艺术是生活的再现，女真人把他们热爱的东北虎画在瓷枕上，神形兼备（见图5）。老虎用墨色勾勒出身形与纹理，再加上褐色的釉彩，一只栩栩如生的大老虎就从山林里跃出。不仅如此，女真人还精益求精，为求逼真，把瓷枕做成虎的造型。如此精心打造，不知睡在这样的虎枕上，是不是能平添很多勇敢？

图5 金代 黄釉褐彩花绘纹卧虎枕 湖南博物院 藏

金代海陵王完颜亮统治的时候，迁都燕京，这是北京建都之始。随着金人对北京的营建，坐龙这样的造型作为建筑装饰，也留在了北京。这是完颜亮在北京留下的浓墨重彩的一笔，而他自己的人生，却从此走入低谷。

完颜亮是一个很有传奇色彩的女真领袖。有人把他比作隋炀帝，甚至两个人死后的谥号都一样——皆为"炀"。不管是隋炀帝杨广，还是海陵炀王完颜亮，他们都不是昏君，而是暴君。他们也都不是没有才华的人，否则难以攫取最高权力。他们的才华大，野心更大，当才华不足以支撑起他们的野心时，就离大厦将倾不远了。

完颜亮文治武功，不仅是一位杰出的政治家，还是一位很有成就的大文学家，时赞"一吟一咏，冠绝当时"。只可惜，后来金世宗完颜雍因人废文，完颜亮的作品留存极少。

历史资料不止一次提到，完颜亮素有大志。完颜亮曾对大臣高怀贞说他的志向："吾有三志，国家大事，皆我所出，一也；帅师伐远，执其君长而问罪于前，二也；无论亲疏，尽得天下绝色而妻之，三也。"

完颜亮的三大志，一与三，想必都已实现了。当他努力实现自己的第二大志向，对南宋用兵时，悲剧了。宗室完颜雍在东京辽阳自立，追随者甚众——那些被他责罚杖打、被他抢妻夺爱的仇恨，一点点聚成燎原之火。"出来混，终是要还的。"

想当初，他意气风发，提笔写下："万里车书一混同，江南岂有别

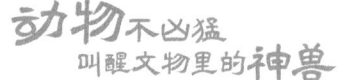

疆封？提兵百万西湖上，立马吴山第一峰！"那是何等的豪迈。落幕的时候，惨遭部下缢杀，又是何等的凄凉。完颜亮死后被贬为庶人，他的墓就在今天北京的房山区，孤零零，荒草生。

坐龙的形象在元代也有传承，屋脊兽嘲风的形象，很有可能就是来自金人的坐龙（见图6）。唐宋时，还只有一种脊兽，到元代开始增加，以后越来越多，直到清代形成了今天常见的以"仙人骑凤"领头的脊兽小队。

图6　明代　龙形琉璃跑兽　成都博物馆　藏

清代满族人统治,又回到了肃慎族系,简直不要太亲了。清代的龙有各种形态,行龙、飞龙、团龙……,还有继续坐着的坐龙。

清代故宫太和殿,也就是民间通常所说的金銮殿,屋脊兽达到了最多——十个脊兽(见图7)。在这个动物小队中,紧跟在仙人骑凤后面的第一个脊兽就是龙,而这个龙,是明显的坐龙。清代只有太和殿有十个脊兽,这也代表了皇权的至高无上。

图7 清代 故宫太和殿脊兽 北京古代建筑博物馆 藏

龙，这种想象出来的动物，不同的地域、不同的民族、不同的统治者，都对它进行了再加工。几千年来，不仅龙的形象发生了巨大的改变，就连龙的姿势，也在随时调整，这还真是涨"姿势"了。

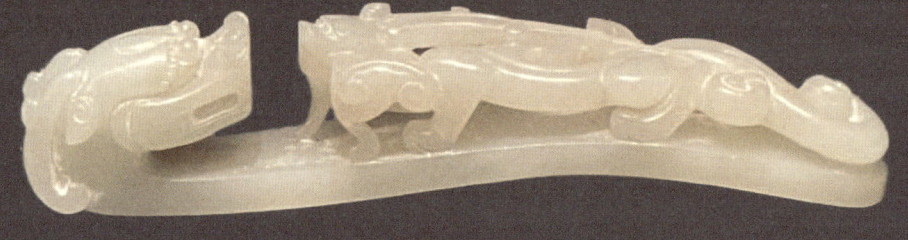

龙篇

# 玉带钩里的龙和它们的故事

这件带钩,见证了两千多年前的一段唯美爱情。

图1为清代白玉螭纹龙首带钩,有一大一小二龙相对,这个造型,表现的内容为"苍龙教子"。通俗点说,就是在龙家庭里,龙爸爸在教育小龙。

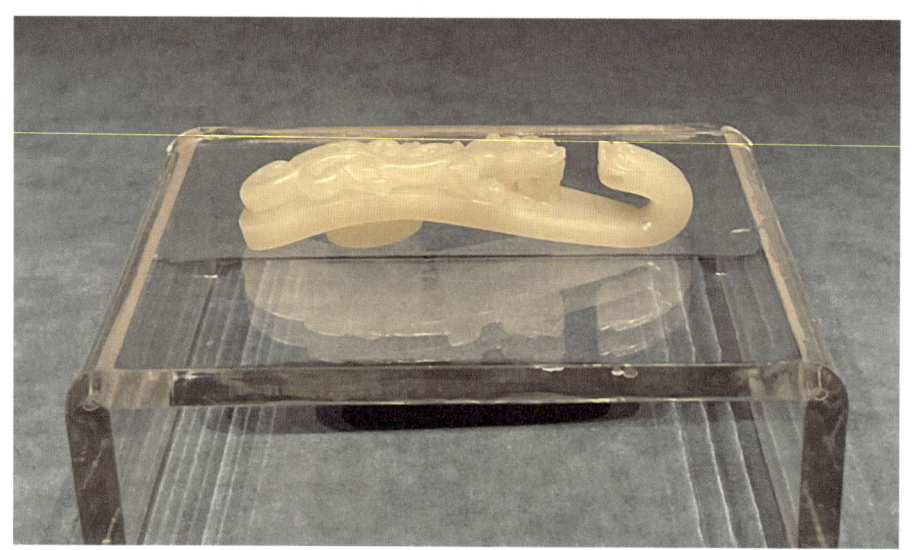

图1　清代　白玉螭纹龙首带钩　天津博物馆　藏

带钩,是古代用来系束衣服的,类似于我们今天的腰带。图2显示了古代带钩的使用方法。

图2　元代玉带钩使用示意图(博物馆资料图片)

带钩是日用器,古人每日起床束衣,看到这个苍龙教子的带钩,时时刻刻提醒自己,不要忘记对孩子的教育,正所谓"子不教,父之过"。

"苍龙教子"的题材,是有故事原型的。这个苍龙,指的是唐末五代后周时期的大臣窦禹钧。因其家住燕山一带,人称"窦燕山"。窦燕山的故事,是一部中年立志、努力向善的逆袭剧。

因为这样的努力,窦燕山在助人的同时,也成就了自己。他官至右谏议大夫,成为有名的藏书家,也以词学著称。但这还不是最重要的,真正让他在历史和民间留名的,是他的五个儿子。

《三字经》有言:"窦燕山,有义方。教五子,名俱扬。"随着《三字经》的广泛传播,不只是窦燕山的五个儿子"名俱扬",连窦燕山本人,也跟着一起名扬天下了。

唐宋开始,科举盛行。"学而优则仕",这让人们更加重视对孩子的教育。《三字经》是当时的教育经,这种对教育的重视一直延续至今。

"苍龙教子"表现的就是窦燕山教育孩子,让孩子成名的故事。古代工匠把这一题材大量雕琢在玉带钩上,足见当时对教育的重视。

图3是明代青铜镜,镜背面的图案是"五子登科"。这个五子,就是窦燕山的五个儿子。可以说,"五子登科"是"苍龙教子"的结果。因为家长对孩子教育的重视,最后取得了孩子成名的结果。这因果链条的直接与明晰,具有非常好的传播效果。古人做事,干净利落。

图3 明代 五子登科铭文铜镜 辽宁省博物馆 藏

带钩与铜镜，都是日常生活用品。古人就是在日常生活中，通过这些有温度的物件，保有对生活的警醒与热爱。

带钩中龙的造型很多，除了"苍龙教子"，还有单个的龙形钩头以及龙与凤的组合等。图4中的这件清代白玉带钩，与龙形钩头相对的，是一只伏卧的小鸟，它们对视着，温情脉脉，那么美好，这是"龙凤呈祥"的寓意。看着这件温润的玉带钩，我们仿佛都感受到了那一份甜蜜。

图4 清代 白玉龙带钩 天津博物馆 藏

带钩出现得很早,在新石器时代的良渚遗址,出土了中国最早的玉带钩实物(见图5)。

图5　新石器时代　良渚文化兽面纹玉带钩　良渚博物院　藏

古人在带钩上,发挥了最大的想象力与创造力。带钩有各种各样的材质:玉、金、银、水晶、铜、玛瑙等。有多种造型与工艺,最多的是龙的造型,工艺上除了单一材质的加工,还有鎏金、镶嵌等技法。

图6中这件南京博物院的西汉带钩,材质是水晶,外观为龙形。

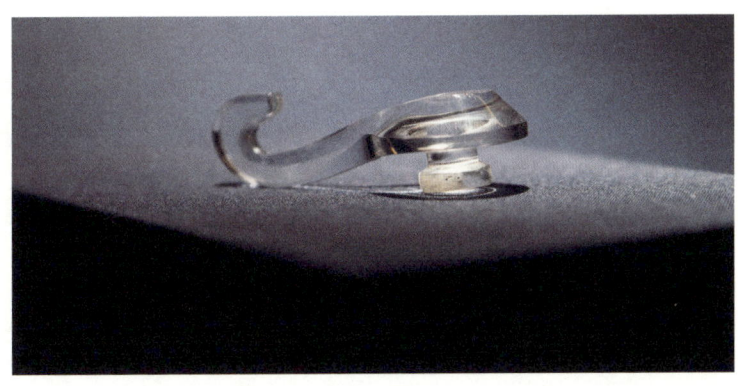

图6　西汉　水晶带钩　南京博物院　藏

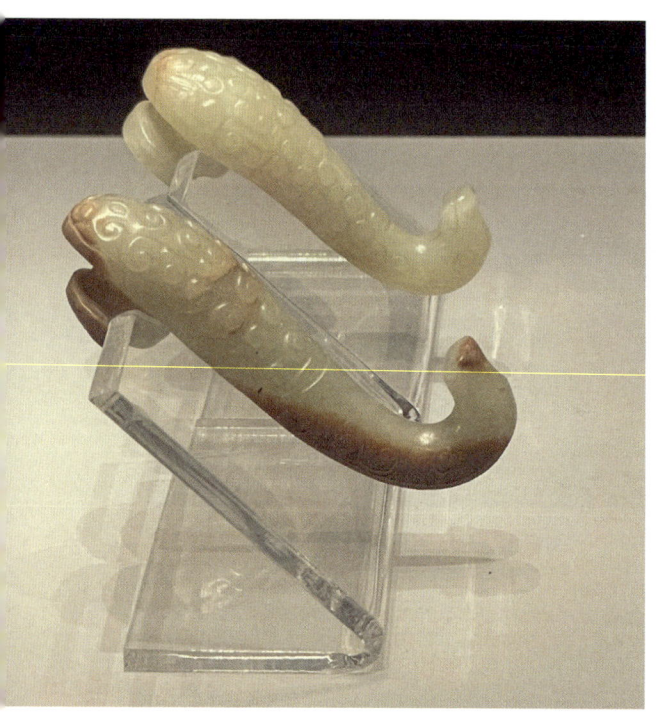

带钩中还有一类尺寸很小的带钩(见图7),我曾问学生们,这个小带钩是做什么用的,大家马上想到的就是给小孩用的。大人用大带钩,小孩用小带钩,这很符合逻辑。但其实,这类小带钩是用来挂东西的,类似我们今天挂在皮带上的钥匙环,小带钩垂直向下安放在衣带上,用来挂一些玉佩、香包之类的随身器物。

图7 战国 鹅首形涡纹玉带钩 湖北省博物馆 藏

图8中这件清代白玉比翼鸟形带钩,是取"比翼而飞,交颈而眠",表达夫妻亲密和美的寓意。

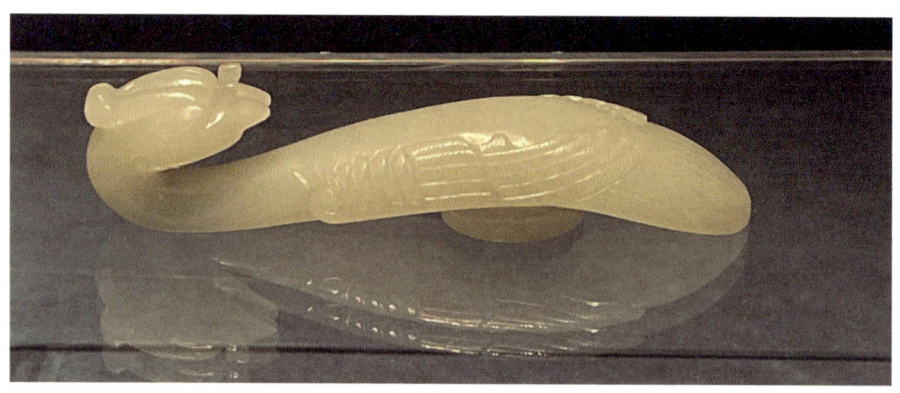

图8 清代 白玉比翼鸟形带钩 天津博物馆 藏

比翼鸟的带钩虽然寓意美好，但最让我难以忘怀的却是南京博物院的西汉龙首银带钩（见图9），它出土于江都王一位宠妃的墓葬中。这件带钩，见证了两千多年前的一段唯美爱情。

图9　西汉"长毋相忘"铭合符银带钩　南京博物院　藏

这件龙首银带钩，在汉代带钩的大家族中，一眼望过去，并没有什么特别。但其实，这是一件可以沿中轴一分为二的带钩，它的首尾两端用榫卯扣合，把带钩合二为一。在打开的钩身内面，铸有"长毋相忘"四个字。

"长相思，毋相忘"，多么美好的希冀！这是汉代江都王和他钟爱的女人之间最私密的约定。情到深处，你浓我浓，仿佛只有这样炙热的誓言，才能见证一段最浓烈的爱情。

故事的结局是什么，我们不得而知。只是，隔着这千年的风烟，注视着一段陈年往事，在你的面前徐徐打开。那些隐秘的、细腻的情思，一缕一缕，在尘烟中游走，忽然就被打动了。爱是什么，不可说，不可说……

叫醒
文物里的神兽

少年英雄霍去病与他的墓前石马

你见过"马踏飞燕"的正面照吗?

一对鎏金马镫引发的千年迷思

舞马衔杯银壶里的历史往事

# 少年英雄霍去病与他的墓前石马

在霍去病浓缩的一生里,我们得以领略什么叫孤勇,什么叫『自古英雄出少年』。

## 1. 一匹活在"马踏匈奴"阴影下的石马

陕西咸阳霍去病墓前的石马（见图1），人们对它，知之不多，因为旁边还有一个比它更有存在感的石雕，那就是大名鼎鼎的"马踏匈奴"。

图1　西汉　跃马石雕　茂陵博物馆　藏

从茂陵博物馆正门进去，抬首可见一大型封土丘，植被茂密，小山一样的顶部建有一望亭。这个封土丘，就是少年英雄霍去病的墓地。

在墓地两旁建有廊亭，里面陈列着霍去病墓地石雕。这些石雕质朴、简约、雄浑又各具神韵，可以毫不夸张地说，它们就是整个大汉石雕艺术的杰出代表。汉代石雕艺术的精神特质在这些作品中完美地呈现出来。

霍去病暴病而亡，走时年仅24岁。也许是走得太突然，陵寝的建设也很匆忙。这些石雕，都是就近取材，利用石头的天然形态，进行简单雕琢，不求逼真，但求神似。就像图2中的这件石鱼，只有一个简约的鱼形，圆滚滚的身子上几乎没有雕琢，头部寥寥几笔，刻画出眼睛与嘴，一条鱼，就此诞生。

图2　西汉　石鱼石雕　茂陵博物馆　藏

而这种特质，在图3中的这件石虎身上更加明显。简单几笔，勾勒出老虎身上的斑纹与爪子，一头伏虎的形象就出来了。老虎眼睛下部的两道黑色斑纹，是利用石头天然的纹理，像极了自然界中真实的老虎，简直是神来之笔。

图3　西汉　伏虎石雕　茂陵博物馆　藏

这种技法，我们叫"巧雕"。在距今三千多年前的商代妇好墓中就已使用，妇好墓出土的小玉龟利用玉料中天然的俏色，琢成玉龟的背甲。这种技法，直到现在，还是中国石雕艺术中重要的原则——"因形施艺"，因色取俏。

不同于西方希腊、罗马艺术中的大理石雕——他们是在石头中一凿一凿，凿出自己心中的样子，我国古代工匠是在对石头的观摩中，看到它未来的样子，通过艺术加工呈现出来。

因此，对于中国古代的工匠来说，不是我创造了它，而是它通过细微的线索，隐秘地告诉我："嘿，我在这呢！"而好的工匠，寻着这一声轻唤，用一颗敏感细腻的心、一双灵巧有力的手回应道："好，出来吧！"

于是，它们从山林、草原走了出来。老虎伏卧，就如同它伏在山林的灌木草丛中，它的斑纹是它天然的隐身衣，它在心中得意地说："看不见！看不见！看不见！"

小象也走了出来，看整体，它未免粗陋，后半部还少了一块。但转到前面，一切就都不一样了：小象伏在自己的前腿上，长长的象鼻温顺地搭着；可再转一点，就能看到小象的眼睛，调皮地眨着。一个调皮可爱、温顺可人的小象瞬间收了你的心，让你心生爱怜（见图4）。

图4　西汉　卧象石雕　茂陵博物馆　藏

只一个眼神、一个温柔的俯卧，你哪里还记得它缺失的后半部。这就是整个霍去病墓前石雕的魅力——它不完美，但它有灵魂，它用心召唤你，让你在它面前，生出万千感慨。

总有人觉得这些石雕太过简陋、粗糙。可当你静下心来，慢慢欣赏，那些两千多年前的石头就会开口说话，带着历史的沧桑，告诉你一些久远的故事。

汉代，处在我们文明发展的前期，这一时期的艺术，也带着时代的特征。它天真烂漫、质朴雄浑、不事雕琢，却更具神韵，如同散文的"形散而神不散"，它以自己独特的形态，直逼内心。

说回到图1中的这匹马，论名气，不管是同时代的"马踏飞燕"，还是唐代的"昭陵六骏"，都比它有名得多。就连身边的"兄弟"——"马踏匈奴"，也是赫赫有名。

只有它，掩在同伴的光辉下，甚至都不是站立的形象——以高大的身形凸显自己的存在。这匹马半卧着，一眼望过去，普普通通，泯然众马矣。可当你走近，细细端详，发现它并非伏卧，它的前肢呈九十度角立起，后肢紧扣地面，目视前方，这正是它一跃而起前那最具张力的时刻。所以，这匹马也有一个生动的名字——跃马。

看到这，忽然想起了古希腊著名雕塑家米隆的《掷铁饼者》，选取的不是铁饼掷出的瞬间，而是铁饼掷出前积蓄力量、肌肉紧绷的时刻。原来最优秀的雕刻家都是相通的，无论古今中外。

马脖颈下的石头并没有剔除，一方面，可以起到很好的支撑作用，加固马头；另一方面，也让它有了不同的艺术呈现效果。诚然，去掉这块石头可以让马的形象更立体、更逼真，但显然，古代工匠追求的不是形似。这样的表达方式，反而让马有了从石中一跃而出的艺术效果。

不知是不是怕我们忽略了它的存在，上天派来一只小鸟，伫立在马背上，仿佛在说：我也可以很灵动。

是的，你专注的神情，一跃而起的力量，我们感知到了。谢谢你两千多年的等待，"念念不忘，必有回响"。

## 2. 马踏匈奴与少年的春风得意

到了霍去病墓前，仿佛不看"马踏匈奴"，就等同于没有来过。而不写"马踏匈奴"，仿佛就是对历史的不尊重——毕竟"马踏匈奴"才更能体现少年英雄霍去病的丰功伟绩。

公元前123年，18岁的霍去病以"剽姚校尉"军职开始了他开挂的人生。这个军事奇才，历经漠南之战、河西之战、漠北之战，六战六捷，打通河西走廊，为丝绸之路的开通奠定了基础。

"秦汉风云惊寒烟，剽姚智通冠军前"。这个18岁就凭军功被封为"冠军侯"的少年，曾放言"匈奴未灭，何以家为"？可是，世事无常，匈奴灭了，他却没有等到他的花好月圆——霍去病24岁因病而逝。

在霍去病浓缩的一生里,我们得以领略什么叫孤勇,什么叫"自古英雄出少年"。为什么霍去病会有这样的盖世功绩?也许恰恰是因为他年轻,他不懂得什么叫怕,什么叫稳。他年少的青春,就是要狂风暴雨、狂飙突进,风卷残云般建功立业、扬名立万。

这个少年流星一般地闪过,有过最耀眼的光。他的陨落,让一代雄主汉武帝极为哀痛,令其陪葬自己的茂陵,并特意为他修筑了"形似祁连山"的坟墓。

"马踏匈奴"是霍去病墓的墓地石雕(见图5)。看"马踏匈奴",重点不在马,而在匈奴。这个经验,我是从观佛教天王造像中得来的。

图5 西汉 马踏匈奴石雕 茂陵博物馆 藏

佛教造像中，天王占很大的比重，看多了，会觉得天王都是一个样：头戴将军帽，身穿铠甲，脚踩小鬼，威风凛凛。虽也精彩，却不免枯燥，咦，且慢，那些小鬼，倒是个个不同——身形奇特、表情夸张、动作扭曲，有趣极了。从此以后，我看天王造像的重点变成了关注天王脚底下踩着的小鬼。

比如图6中的这个唐代天王俑，天王的造型并没有什么特别，反倒是他脚底下踩着的小鬼，生动夸张，活灵活现。这个小鬼，身上的腱子肉一块一块隆起，像今天的健身达人。头发倒竖，眼睛怒视，嘴巴大张，双手撑地，虽被踩在脚下，却是一副不服输的倔强样子。感觉它随时随地准备爬起来再战三百回合。

图6　唐代　三彩天王俑　陕西历史博物馆　藏

这样生动地塑造一个厉害的小鬼,有没有削弱天王的气势呢?并没有!恰恰相反,正是因为小鬼的厉害,反衬出天王的强大。对手很强,却被你打败了,踩在脚下,只能说明你更厉害。对比与反衬,这一手,唐代工匠玩得炉火纯青。

　　天王脚下的小鬼姿态各异,真是各有各的不同,观赏起来,其乐无穷。这种打开方式,我也运用到了"马踏匈奴"的观赏中。同样的,马是波澜不惊的,既不扬蹄,也不嘶鸣,只把头轻轻偏向一方,静静地站立着。它的身下,却是风起云涌、气象万千(见图7)。

图7　西汉　马踏匈奴石雕　茂陵博物馆　藏

这个扭曲着身体的匈奴,在马腹下的狭小空间里,面部露出挣扎的表情,手臂粗壮有力,左手还紧紧握着弓,右手提着箭,却再也无法射出了。

最巧妙的地方,是匈奴下巴上的大胡须(见图8)。既突显了匈奴的面貌特征,又起到支撑、加固马前胸的作用。如果没有这个支撑,马的前胸极易随着时间推移而脱落变形。

图8　西汉　马踏匈奴石雕　茂陵博物馆　藏

为了呼应这一把大胡子,匈奴的头上、脸上都细致地刻画出浓密的毛发。所以,每当有人说起这些石雕的简陋,我就会想到当初那些匠人的巧思、那些创意、那些在细节处表现出来的匠心独运。不禁轻轻一叹,这世间,唯有懂得,最难。

汉代，因为和匈奴的长期对峙、征战，作为敌人形象出现的匈奴，在各类器具中常有表现，且都是以屈服者的形象示人。这件河北满城汉墓出土的当户铜灯，就属于这一类（见图9）。当户是匈奴官名，铜灯作当户跪擎的形象，这种对敌人的丑化，更多是表达一种态度。

图9 西汉 "当户"铜灯 河北博物院 藏

如果让我选择汉代石雕最具代表性的作品，我想把这顶桂冠送给霍去病墓前的石雕、送给那些没有留下姓名的匠人、送给那些凝视着石头，赋予它们鲜活生命的不朽的灵魂。

## 3. 李夫人凭什么让汉武帝一生难忘？

霍去病墓就在茂陵博物馆正门相对的高地，上面建有望亭。史书上说，霍去病的墓状若祁连山，今天却是看不出了。登上望亭，可以看到不远处的一座高大的封土堆，那就是历史上鼎鼎大名的汉武帝之茂陵。

离茂陵最近的一座较小的封土堆，里面沉睡着的，是陪葬汉武帝茂陵的李夫人。

关于李夫人，我们最耳熟能详的，是那首千古绝唱：北方有佳丽，绝世而独立。一顾倾人城，再顾倾人国。宁不知倾城与倾国，佳人难再得！

倾国倾城的盛世美颜，我们已无缘一见。关于她的记载，最让人难忘的是她病危时的表现。李夫人早逝，她走的时候，并不老，可因为疾病的折磨，病危时的她，已形销骨立，不复昔日风采。

武帝怜爱这个美丽而聪慧的女子，想临别再见她最后一面，却被无情地拒绝了。她身边的侍女不解，问李夫人为何如此绝情，况且，这样得罪武帝，以后武帝还会顾念他的孩子、家人、侍从吗？李夫人说出了那句经典的"以色事人者，色衰而爱弛"，多么痛苦而清醒的领悟啊！

为了她的孩子、她的亲人，她在死前做的最后一件事，就是让武帝记下她美好的样子，用这份美好荫蔽她的爱子、她的亲人，还有她在这世间所有的不舍与牵挂。

有人说，武帝难道不是想见谁就见谁吗，哪里还要李夫人同意？这就是"直男"思维了，没听过那句"喜欢就放肆，爱就克制"吗？对李夫人，武帝想来是真心爱过，也真心尊重，不想违背她的心意。李夫人过世后，武帝想念她，还曾让道士作法，上演过也许是中国历史上最早的"皮影戏"。

"思念是一种很玄的东西，如影随形，吞没我在寂寞里"，强悍如武帝，亦是"此情无计可消除，才下眉头，却上心头"。这一世，已无缘再见，那就在另一个世界相守吧，武帝让李夫人陪葬自己的茂陵。

于是，在高大雄伟的武帝茂陵旁，李夫人的墓静静地矗立着。秦皇汉武，他们的功绩被世人铭记，却从未被感动，倒是这一份静默的温情，让我在历史的长河中，看到一朵浪花奔涌，美丽动人。

李夫人的儿子刘髆后来虽未继承大统，却在险象环生的政治风云中，得以幸存，被册封为昌邑王。到他的儿子刘贺，命运又开始跌宕起伏……

如果不是2015年入选"中国十大考古新发现"的江西海昏侯墓，也许没有多少人会关注这个只当了27天的皇帝——汉武帝与李夫人的孙子刘贺。

汉昭帝驾崩，没有子嗣继位，19岁的刘贺在重臣霍光的操控下继位。史书对他的记载不多，只知道他在27天的皇帝生涯中，干了1127件坏事，平均每天干四十多件，这是一个拿生命在干坏事的皇帝啊！

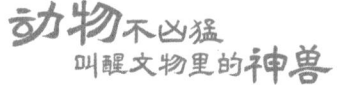

刘贺四五岁时，父亲昌邑王刘髆就去世了。这个从小长在深宫、锦衣玉食的孩子，在他成长的道路上，并没有父亲的陪伴，也没有人悉心教导他如何成为一位杰出的政治家，如何治理国家。当幸运之神突然眷顾的时候，19岁的他，并没有做好准备。

刘贺可能是任性的，也可能心思简单、性格懦弱，但每天干四十多件坏事，也不是他想完成就能完成的任务。历史是由胜利者书写的，这个没有经历过什么风雨的少年，不知道"所有命运馈赠的礼物，早已在暗中标好了价格"。

刘贺在当了27天皇帝后，被废为庶民。后来，又被汉宣帝封为海昏侯，迁至江西南昌。他跌宕起伏的一生，由王而帝，由帝而民，由民而侯，在33岁这一年，戛然而止。随着海昏侯墓葬的发掘，刘贺短暂而神秘的一生，如一幅长卷徐徐展开……

2011年，海昏侯墓开始进行抢救性发掘。主墓室出土的时候，所有人都倒吸一口凉气——在墓室的正中，有一个明显的盗洞。盗墓者水平之高、判断之准，让人刮目相看。就在所有考古人员心里都七上八下，担心墓室被盗空的时候，海昏侯出其不意地给了大家一个大惊喜。

原来，海昏侯刘贺的棺木并不在墓室正中，而是放置在偏东室。这个曾经任性的少年，在经历了无数宫廷的阴谋与政治的残酷后，终于变得小心谨慎；这个生前无法保全自己的人，终于在死后安睡了两千年。李夫人如果地下有知，也会露出她的倾城一笑吧！

站在望亭，看着一大一小两座静穆的陵寝，思绪万千。流年已逝，帝国已往。只有历史深情,留存静默的陵园,留下细碎的线索,留待后人细细品读。

往事越千年,"这人间啊,有点假,可我莫名爱上它"。

## 4. 霍光:哥哥,谢谢你带我风光带我飞!

在刘贺称帝的短暂生涯中,那个"又立又废"、白忙了一个月的人,正是当时权倾朝野的重臣霍光——霍去病同父异母的弟弟。霍家的运气,仿佛都集中在了这个人身上。

少年英雄霍去病,出生入死、征战沙场、英年早逝。他走得实在太早了,连家都没成("匈奴未灭,何以家为?")。拼尽全力,似乎只为了成就这个弟弟霍光。

霍去病的母亲卫少儿是汉武帝皇后卫子夫的姐姐,"一人得道,鸡犬升天",卫子夫全家贵幸:哥哥卫青做了大司马大将军;姐姐卫少儿与曲逆侯的曾孙陈掌结婚;外甥霍去病也成了骠骑将军。

卫家的人也真给这个出身低微的皇后争气,也许只有这样,他们才能在波谲云诡的政治舞台上互相庇佑吧!不管是哥哥卫青还是外甥霍去病,在战场上的表现都可圈可点,尤其是霍去病,打通河西走廊,18岁即受封冠军侯。

宋代著名的豪放派词人辛弃疾在《永遇乐·京口北固亭怀古》中写道:"元嘉草草,封狼居胥,赢得仓皇北顾",这个"封狼居胥"的

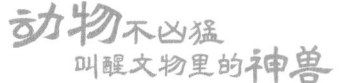

典故即来自霍去病——公元前119年,霍去病远征匈奴,歼敌七万余,封狼居胥山而还。

霍去病的母亲卫少儿,初为平阳侯府的女奴,她与平阳县小吏霍仲孺私通,生下霍去病。霍去病一直不知道自己的父亲是谁,直到成为骠骑将军,才与父亲相认。

汉代的社会风气还是比较开放,一个女奴,生下私生子,在当时的社会,好像也不是什么大事。后来,卫少儿又与陈掌私通,这关系,不是一般的乱。

平阳小吏霍仲孺像是中了大彩,忽然间,一个红得发紫的将军儿子来相认。"这人生大起大落,实在是太刺激了"。懂事的少年霍去病,给父亲买了万亩良田,将同父异母的弟弟霍光带在身边。

今天,霍去病的陵地,有一块大石,据说摸一摸可以去病。可是,如果灵石灵验,最应该护佑的,不正是这个叫作"去病"的少年英雄吗?

这个出生入死的少年天才,也许正是因为年少,才敢冒险,才能取得这样的战功。只是少年再无机会分享自己的喜悦了。他未能拥有的一切,霍光——他的弟弟,替他拥有了。如果少年不死,是否也会走完如霍光一般耀眼的人生?

霍去病24岁暴病而亡,武帝既伤心又悲痛,下令将霍去病陪葬在他的茂陵。其中的不舍与爱怜,隐隐可见。

不知是否是因为这份荫庇,霍光被汉武帝器重,一生仕途顺畅,更成为汉武帝临终托孤的四大臣之一,另外三个,分别是金日䃅——记住,这个名字一定要读作金(jīn)日(mì)䃅(dī)——上官桀和桑弘羊。

汉昭帝刘弗陵,钩弋夫人之子,8岁继承武帝大统。汉武帝为了防止子少母强,干预朝政,立刘弗陵为太子,却赐死了孩子的亲生母亲钩弋夫人。政治啊,太残酷,也太无情。不知被赐死的钩弋夫人,走时是一种怎样的心情?如果有选择,这是她想要的结果吗?

昭帝刘弗陵死后无子,当年的托孤大臣,只有霍光健在。权倾一时的霍光,在一番权衡后,决定立昌邑王刘髆的儿子刘贺继承大统。

从小长在深宫的刘贺,金玉美食,富贵荣华,哪里知道政治的险恶?这个19岁的任性少年,以为当上皇帝就可以为所欲为。没承想,龙椅还没坐热,就已被废,贬为庶人,还留下千古恶名。

接替刘贺的,是后来的汉宣帝刘询。因为从小长在市井,刘询对人性有更深的洞见,也更老成持重。霍光权倾朝野,在他生前,宣帝刘询始终恭敬有加。

只是,在立后这件事上,刘询没有遵从霍光的意思。霍光想巩固和扩大自己的权力,拉拢当时的上官太后,欲立自己的小女儿霍成君为皇后。刘询并不想抛弃自己落魄时的结发妻子——此时的许婕妤。但是,刘询并没有直接反对。

一天,宣帝刘询下诏说要寻赏自己贫贱时的一口旧宝剑。朝中大臣马上就明白了皇帝的心意,对一件旧物都如此深情,更何况是对人?

群臣于是奏请立许婕妤为皇后。

后人只看到了"故剑情深"的浪漫,却没有看出宣帝刘询的智谋与手段。霍光去世,和他的哥哥霍去病一样,陪葬于汉武帝茂陵。两年后,宣帝刘询开始剪除霍家势力,以毒害许皇后母子之事,全族坐罪处死。

霍家,所有的福佑,仿佛都笼罩在霍光一人身上。他位极人臣,享受了无限的荣华与无尽的荣光。在他之前,哥哥英年早逝;在他之后,族人牵累受罪。

这样的结局,是当年的那个少年英雄,牵着弟弟的手,走出家门时想要的吗?

我在霍去病的墓前坐了良久,忽然,有点心疼这个懂事的孩子。

# 马篇

你见过『马踏飞燕』的正面照吗?

这么完美的一匹骏马,当你慢慢绕到前面时,却是三观尽毁——你确定要成为这样的天马吗?

汉代，马的雕塑和绘画都很多，这跟马的历史地位有关。在汉代，不管是交通还是战争，都离不开马。

当时王公贵族的交通工具，最主要的就是马车。马车不仅代步，还是身份地位的象征，什么等级、什么场合乘坐什么样的马车，在当时是有严格规定的，违反规定出风头，有僭越的风险，是能掉脑袋的。

汉代的马车，由于没有减震系统，坐起来并不舒服。但是，在当时，这就是最好的选择。总不能什么时候都靠两条腿，虽然有人"安步当车"，把走路当成坐车，但那只是表明一种生活态度——虽然累成狗，但是，倒驴不倒架，我还是可以很优雅地面对生活。

汉代的马车就像是今人的"宝马"车，驾车出行，古人与今人心心相印，做法如出一辙——今人在朋友圈晒自己开车旅行的照片，古人也会把自己坐车出行的"出巡图"印在墓室壁砖上，并且，流传千古（见图1）。

图1  汉代  百戏宴饮车骑出行画像石  河南博物院  藏

在战争中，马的移动速度可以提供良好的机动性。那时马镫还没有发明出来，重装骑兵也没有出现，马在战场上，主要是为行军、突袭提供所需的快速反应。

汉代的大规模战争，主要是从汉武帝时期开始。武帝一改之前对匈奴隐忍的政策，开始对匈奴发动大规模战争。汉朝初立时，国力衰弱，对匈奴只能隐忍，慢慢积蓄力量。汉高祖刘邦去世后的第三年，匈奴冒顿单于给吕后写来极轻佻并富有侮辱性的"求婚书"。信的大意如下：我们两个都是一国之君，你刚失去了丈夫，我也没有妻子，不如咱们一起过日子吧。

一向强势的吕后看完信勃然大怒，立即召集群臣商讨要不要发兵征讨。这时，季布站出来反对，劝吕后以刘邦的平城之败为鉴，不可轻易开战。

吕后是个狠人，但她不傻。在跟随刘邦创业的日子里，这个见过无数大风大浪的女子，当然懂得"形势比人强"的道理。吕后的冲冠一怒，更多的是表演性质，能屈能伸才是政治家。吕后见季布给台阶，马上顺杆下，承认必须对匈奴采取怀柔政策。

于是，长袖善舞的吕后，赔着笑脸周旋：我年老色衰，配不上大王的英明神武，大王如果喜欢，当选宗室女，送与大王，修百年之好。

吕后一通操作猛如虎，直到吕后去世，汉匈相安无事。

在经历了汉初高祖刘邦的休养生息、吕后的怀柔政策以及"文景之治"，到汉武帝时，时机终于成熟了。汉武帝是个幸运的皇帝，在他之前,有"文景之治",节俭的文帝和景帝替他拼命存钱;在他之后,有"昭宣中兴",懂事的昭帝和宣帝替他拼命还钱,而武帝的一生,就是用来开疆拓土、建功立业、名垂青史的。

匈奴是游牧民族,弓马娴熟、来去自如。对匈奴用兵,当然也要有很强的机动性,才能出其不意,有效御敌。武帝时向西域求宝马,又扩大养马场。马的重要性被提上了日程。

图2中的这件汉代木版画上的马,像是今天模特的"九头身",有着不成比例的身长。

图2 汉代 "马厩图"木版画 甘肃省博物馆 藏

我想起了意大利中世纪的圣维塔尔教堂,里面的《查士丁尼与侍者》镶嵌画,每个人都有着"九头身"的修长身材。当他们的工匠忙着把人拉长的时候，我们汉代的工匠也没闲着，他们正在把马拉长，不仅腿长，身更长。

记得做讲座的时候，有个学生聪明地问出了这匹马的特征，她说："这是三个人骑的马吗？"答案"非也"。"那是当时的工匠掌握不好比例吗？"答案也是"非也"。当时的工匠是按照现实生活刻画的马的形象。这种马之所以身长，并不是因为工匠的技艺不行，是因为它们并不是普通的马，而是大名鼎鼎的汗血宝马。

这种马身长、腿长、奔跑速度快、耐力强。至于为什么叫汗血宝马，只是因为这种马的皮毛没有那么厚密，在快速奔跑时，流下的汗在枣红色的皮毛映衬下，看起来像流血一样。汗血宝马的优势即在于此，它的汗能快速带走奔跑时产生的热量。

我们知道，猎豹、老虎等动物的奔跑速度很快，但它们不能持久，主要不是因为体能，而是无法散热。快速奔跑产生的大量热量，让它们只能停下来，张着嘴大口喘气，否则，它们会因为温度过高而虚脱。

汉武帝要建立丰功伟绩，就必须要有马来成全。马在汉代的地位，是时势造就的。

只是，那么多马的雕像与绘画，人们却很少能看到马的正面像，为什么呢？让我们在博物馆里，一起找寻答案吧！

甘肃省博物馆的青铜"马踏飞燕"，是它的镇馆之宝（见图3）。这件文物出土于武威的东汉将军墓，也就是大名鼎鼎的雷台汉墓。

图3 汉代 马踏飞燕 甘肃省博物馆 藏

前几年，我在武威开会，去过雷台汉墓，典型的东汉砖室墓。就规模而言，这个墓在汉代并不算大。从墓室前门走进去，尚可直身行走，越往里走越矮，门也越低，到存放青铜马队的后室，就只能蹲着挪进去了（见图4）。

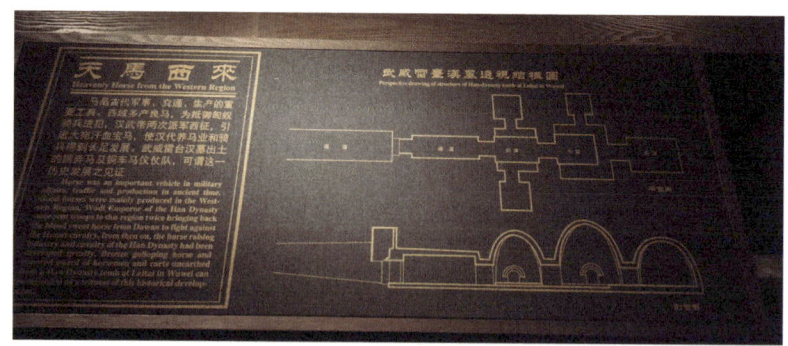

图4 汉代武威雷台汉墓透视结构图（博物馆资料图片）

同行的一个加拿大专家，一米九的大高个，我眼见着他艰难地在墓室行走，在最后的墓门前，败下阵来。他要想进去，只能靠爬，估计他权衡了一下利弊，还是放弃了。他不停地摇头，内心充满了懊恼，是怪墓门太低，还是自己太高，我不得而知。

回头看见我的导师，一个瘦小的蒙古族男人，此刻正如鱼得水般顺畅地穿行。他笑容满面，和墓室的阴森一起，形成极诡异的视觉效果。导师甚至还扯住我，让我给他拍一张有青铜马队背景的直立全身像，估计这是他人生中难得的翻身仗。

"马踏飞燕"就出土于图5中的这个青铜马队中。其实，原件都在甘肃省博物馆展出，墓室里的是复制品。青铜马队的出现，很符合墓主人将军的身份。这个至今没有形成定论的墓主，要感谢郭沫若先生，是他的慧眼识珠，让"马踏飞燕"脱颖而出。而马队的主人，这个将军，也借此成为千古名人。

"马踏飞燕"，从侧面看，真是一匹雄健、灵动的骏马，它的每一个细节都那么完美，四足

图5　汉代　铜车马仪仗队　甘肃省博物馆　藏

腾空而起，脚下回望的鸟儿，仿佛在看，那匹抽风的马，它有没有追上我呀？

却不承想，就在这胡思乱想的瞬间，身上被重重地踏上一只脚，一只天马已飞奔而过（见图6）。鸟儿心里，自然是极为不爽的——毕竟，带翅膀的飞不过四蹄跑的，这事"伤害性不大，侮辱性极强"。

图6　马踏飞燕　甘肃省博物馆　藏

许是跑得太快，马儿张着大嘴，用力呼吸。这么完美的一匹骏马，当你慢慢绕到前面时，却是三观尽毁——你确定要成为这样的天马吗？

这马如果不是来搞笑的，那一定是内心住着一个顽皮的小孩，只见它侧歪着头，瞪着大眼，估计一半是白眼仁，张嘴大笑，露出一口雪白的大牙，仿佛得意地对脚下的鸟儿说："嘿嘿，受我一脚（见图7）！"

那么开心，那么得意——"踏遍云中雀"！

"马踏飞燕"，是我们中国人独有的天马表现形式。西方的天马，一定要有翅膀，没有翅膀怎么飞呢？

没有翅膀就不能飞吗？没有翅膀就不是天马吗？当然不是！我们只需要在马的脚下放上一只鸟，就很好地解决了天马的问题。鸟在空中飞，而马在鸟上，根据显而易见的空间关系，马当然是在天上了。这逻辑，没毛病。我们的天马，是在鸟与马的关系中呈现的。

图7 汉代 马踏飞燕 甘肃省博物馆 藏

东西方两种不同的思维方式，最终也导致西方向科学发展，而东方则努力探索人与人、人与万物之间的关系。西方科学发达，东方伦理学发达，很难分高下，只能说，都是当时当地适应性选择的结果。

"马踏飞燕"，因其优美的造型，神奇的想象力，成就了它的辉煌。现在，它已成为中国旅游城市的标志。在很多城市，我们都能看到它的身影。

它从遥远的历史深处跑来，它从天边呼啸而过，告诉你无限的远方，有无尽的梦想与希望。

# 一对鎏金马镫引发的千年迷思

北魏孝文帝、金庸笔下的慕容复、巾帼英雄冼夫人、唐朝高力士……他们,都与这一对马镫有着不解之缘。

北魏孝文帝、金庸笔下的慕容复、巾帼英雄冼夫人、唐朝高力士……他们，都与这一对马镫有着不解之缘。

在辽宁省博物馆宽大的展厅里，静卧着一对斑驳的铜鎏金木芯马镫（见图1）。它是那么不起眼，以至于没有人会想到它所搅动的千年风雨……

图1　十六国北燕　铜鎏金木芯马镫　辽宁省博物馆　藏

而事实上，仅仅是它本身，就已是一段传奇。

这对鎏金马镫出土于北燕冯素弗墓（位于今辽宁省北票市），冯素弗是北燕开国皇帝冯跋之弟，皇亲贵胄。

这对马镫也是目前国内发现的有确切纪年的最早马镫实物，时间为公元415年。

这之前的马镫实物，我们没有见过。但在这之后，我们明确地知道，骑士们的双手终于解放了出来，可以手握大刀自由地驰骋在疆场上了。

影视剧中的关羽手提青龙偃月刀，骑着赤兔马，好不威风！且慢，遵循胡适先生"有一分证据说一分话"，我们可能要把关帝请下马，再把他手中的青龙偃月刀换成一把不那么威风但至少实用的环首刀，否则，在一个没有马镫的时代，一刀下去，马奔跑时的冲力会将人带下来，杀敌不成反摔断了腿。

但是，在这对鎏金马镫出现之后，一切都不一样了。从此，一个新的时代开始——那是骑兵的舞台。

## 1. 三燕往事

五胡乱华，十六国迭起。

"城头变幻大王旗"。

说北燕，得先从前燕说起。

东胡族系的鲜卑慕容部于曹魏初年入居辽西，公元294年，慕容廆认为棘城为"颛顼之墟"，定都"大棘城"。

公元337年，慕容廆之子慕容皝在棘城自立为燕王，并于公元342年建都龙城（今辽宁朝阳）。

到公元352年，经过两代的韬光养晦，前燕达到极盛。燕王慕容儁终于按捺不住称帝了，都城也随着疆域的扩大一迁再迁，从龙城到蓟城再到邺城，成为最早入主中原的少数民族政权。

公元370年，前秦攻陷邺城，前燕至此灭亡。但是，全剧未终。慕容家就像是打不死的小强，于公元384年复国，史称后燕（公元384—407年）。只是，好日子没过多久，就被自家情种慕容熙自毁长城。

公元409年，后燕权臣——汉人冯跋取而代之，北燕的历史开始了。此时，鲜卑的另一部拓跋部已崛起，开启了北魏近150年的统治。

公元436年，北魏终于为他的鲜卑小兄弟慕容部报了仇，一举灭了北燕。

从前燕到后燕再到北燕，折腾了近百年，终于落幕，"风流总被雨打风吹去"。

## 2. 冯氏传奇

北燕只历两任皇帝，第一任开国皇帝冯跋，第二任亡国皇帝冯弘。

北魏拓跋焘灭了北燕，顺手虏回了王室女冯氏（冯弘的孙女）。从奴婢到文成帝拓跋濬的贵人再到皇后，生下献文帝拓跋弘，成为孝文帝元宏（即拓跋宏）的祖母，这一路，她走得惊心动魄，每一步都像是在刀尖上舞蹈。

有人说，她毒杀了亲儿子献文帝拓跋弘，拥立孙子拓跋宏继位，历史的真相我们不得而知。

我们只知道在政局动荡中,冯氏两度临朝称制,成为北魏中期全面改革的实际操作者,对孝文帝产生了深远的影响,在北魏的历史上留下了浓墨重彩的一笔。

孝文帝太和年间,冯氏在三燕龙城宫殿旧址上,建思燕佛图(今朝阳北塔,见图2),为其祖父北燕王冯弘祈寿冥福。

图2 北魏 朝阳北塔

故国倾颓,断垣残壁,独自静默于塔前,她是否会忆起童年天真烂漫的时光,围绕着祖父嬉戏时的欢声笑语?长跪不起,"惟有泪千行"。

无数的大风大浪都过去了,阴谋、动荡、谋杀都过去了,尘埃落定。

公元490年，冯氏病逝于平城，葬于永固陵，累谥"文明太后"。

她走了，带着她的秘密，在亘古的黑暗中，一梦千年——"这世界啊，有点假，可我莫名爱上它"。

## 3. 表哥，表哥

神仙姐姐王语嫣的目光始终追随着表哥，为了他，可以把自己低到尘埃里。

明明对江湖的打打杀杀深恶痛绝，却还是熟读武林秘籍，只为助表哥一臂之力。可这样委曲求全并没有换来表哥的真情，因为表哥的内心，在下一盘很大的棋。

王姑娘的表哥慕容复，也就是前面提到的五胡十六国时燕国鲜卑贵族慕容氏余脉，一个"复"字传递着家族不灭的希望——复兴燕国，恢复荣光。

慕容复被这个天大的使命驱遣着，金庸先生的小说《天龙八部》的时代背景是在北宋年间，距离最初慕容氏的国已经六七百年了。

这不灭的梦想啊，如地火，熊熊燃烧了几百年。

都说慕容家是打不死的小强。打死了，阴魂不散；国亡了，复国不止！

梦想太大，大到容不下儿女情长。慕容复是一个悲剧，从他的名字开始。这强加在他身上的使命，是他无法挣脱的枷锁。王姑娘又何尝不是，爱上一个不该爱的人！

慕容复的国还是建起来了，在他自己的世界里——他上朝，接见

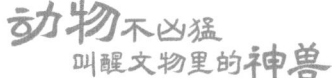

群臣，指点江山。都道是一场游戏一场梦，可"庄周梦蝶"，谁是庄周，谁又是蝴蝶？

## 4. 完美风暴

公元436年，北燕为北魏所败，末帝冯弘一把火烧了都城龙城，率龙城百姓东渡辽水，投奔高句丽。不久，被高句丽长寿王杀死。

传说中，冯弘遣一子归顺北魏，另一子冯业以三百人浮海归宋。只是，那以后北燕皇族后裔从历史的长河中消逝，不知所终。

一千多年后，因缘际会，考古学家也是当年冯素弗墓鎏金马镫的挖掘人冯永谦先生，在浩瀚的典籍中寻到蛛丝马迹，唐魏征著《隋书·谯国夫人传》中有记载：原来，当年冯业率部登船逃亡后，因遇风暴，最终在今天的广东新会登陆。广东当时在南朝的刘宋统治下，刘宋王朝封冯业为新会太守，后封罗州刺史，此后三世为官。

到冯融（祖父冯业）时，已是南朝萧梁时期，冯融高瞻远瞩，为儿子冯宝娶俚人首领洗氏女为妻，开创了汉俚联姻的先河。

冯宝与洗夫人励精图治，使岭南成为富庶、安宁、文明之地。

## 5. 巾帼英雄

洗夫人，南北朝时期高凉郡人，俚人首领，著名的巾帼英雄。

少数民族的女子，并没有那么多的礼法束缚。洗夫人有勇有谋、骁勇善战。梁朝侯景之乱时,她帮助夫君平定叛乱。

冯宝去世后,岭南大乱,冼夫人又率军平定叛乱、保家卫国。也正因此,冼夫人已成为万众敬仰的"岭南圣母",海内外有3000多座冼太庙。

冼夫人一生历经梁、陈、隋三代,但她不是一个没有原则的人,她尽忠守义,其所有行为的出发点都在护佑一方平安。

晚年的冼夫人回首自己波澜壮阔的一生,曾留下一句话:"我事三代主,唯用一好心!"

都说战争让女人走开,可是,从古至今,战争中总是有女性的身姿影影绰绰——从商代的女将军妇好到替父从军的花木兰,再到巾帼不让须眉的冼夫人……

战争,从未让女人远离,哪怕是在闺阁之中,"可怜无定河边骨,犹是春闺梦里人"。

## 6. 千古贤宦

身为宦官,而能留下美名的,历史上并不多见。如果有,唐朝的高力士应该算一个,明代的郑和算另一个。

高力士,本名冯元一,冼夫人的第六代孙。受父罪牵连,幼年净身入宫,后被宦官高延福收为养子,改名高力士。

高力士为人聪慧、谨慎,人皆喜欢,到唐玄宗时地位达到顶峰。

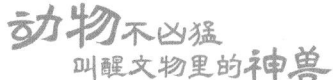

他以一己之力，洗清父辈冤屈——父亲追赠广州大都督，母亲麦氏追尊越国夫人。

位高人微，让人又忌妒又轻视，于是，他成为无数怀才不遇的文人情绪的出口，这又何尝不是他的悲哀？但或许《长安十二时辰》中的高力士才更接近历史的本真——一个贤明忠诚的宦官。

无法摆脱的身世困扰，挣扎着拼尽全力。高力士一生忠心，唐玄宗李隆基驾崩，他吐血而亡。

高力士延续着冼夫人的忠与义，虽为宦官，但他是一个大写的人。他在无情的宫阙，写下最深情的眷恋。他是大唐的最后一抹柔光，照耀在永远的泰陵——高力士陪葬唐玄宗李隆基泰陵。

## 7. 谜底迷思

一千多年过去了，一对鎏金马镫静静地卧在博物馆幽暗的展台，白日的喧嚣过去了，无数的人、无数的声音、无数双眼睛都过去了。在寂静的夜晚，在幽深的更深处，它会忆起什么，又会遗忘什么？

曾经的金戈铁马，千年后的巾帼英雄，是冥冥中自有天意，还是一场历史的偶然？

有多少谜底，都在苦等一个谜题。在海南温热的风雨中，一个北国的女子写下上述文字，一时间，"铁马冰河入梦来"。

# 舞马衔杯银壶里的历史往事

人类的世界太复杂,马儿啊,去你的草原,吃你的青草,永不回头……

马篇

## 1. 论玩，还数唐明皇！

图1中这匹烫着"大波浪"，优雅地勾首、抬起前蹄的马，颜值如此之高，显然不是什么打打杀杀、冲锋陷阵的战马，也不是什么低头干活、负重拉车的驮马。它们有一个专属的名称——舞马，顾名思义，跳舞的马。它们的用途就是跳舞，娱乐权贵。

图1　唐代　釉陶舞马俑　陕西历史博物馆　藏

这群文艺马，有专门的教官调教，偶尔，唐玄宗会亲自下场。这个浑身都是艺术细胞的男人，总是抑制不住对乐舞的狂热。也正因此，他才和杨玉环因为相同的爱好，不顾世俗的眼光，排除万难，走到了一起。

据说杨贵妃虽然胖，但舞跳得极好。另一个舞跳得好的胖子，是安禄山。当时唐朝盛行从西域传来的胡旋舞和胡腾舞（见图2），安禄山祖上是粟特人，跳起自己祖先的舞来，这个二百多斤的胖子顿时灵活得像只猴子。

图2　唐代　胡腾舞铜人像　陕西历史博物馆　藏

胡旋舞可以一个人跳，也可以多人跳，最常见的是两人舞。据说杨玉环就曾和她的干儿子安禄山一起跳过胡旋舞，这两个灵活的胖子快速旋转起来，该是怎样的画面，我不敢想象。

当然，杨玉环更多是和音乐"发烧友"唐玄宗一起唱和。二人经常亲自下场，自娱自乐，唐玄宗击鼓，贵妃起舞。那样的盛景，因为白居易一首长诗《霓裳羽衣舞歌》而流传千古。

唐玄宗自继位以来，励精图治、努力革新。终于在开元年间，唐朝进入了全盛时期，出现了"开元盛世"的繁华景象，甚至一度超越了唐太宗李世民的"贞观之治"时期。唐玄宗还遇到了自己音乐上的知己——杨玉环，虽说是自己的儿媳，但"朕即国家"，朕想要的，整个世界都要让路。"一通操作猛如虎"，杨玉环就此从唐玄宗的儿媳华丽地转身，变成了"云想衣裳花想容"的杨贵妃。此时的唐玄宗，人生达到了巅峰，国泰民安，歌舞升平，真是"人生得意须尽欢，莫使金樽空对月"。

唐开元十七年（公元729年），唐玄宗采纳大臣张说的建议，将自己的生日每年八月初五立为"千秋节"。同年，唐玄宗与杨贵妃便盛宴庆祝第一个"千秋节"。天宝七年（公元748年）又将"千秋节"改为"天长节"。

无论是"千秋节"还是后来的"天长节"，都是玄宗朝每年最重大的庆典之一，举国同庆，热闹非凡。庆典有各种娱乐活动，其中最精彩的就是舞马的表演。

只见装扮一新、训练有素的舞马列队而入，随着音乐的节拍，或进，或退，或旋转；有时急促，有时轻缓，似乎真的听懂了音乐，每一步，都踏在节拍上。

表演的最高潮，由领头的舞马，跳上高台，急速旋转，然后，取面前盛满酒的银杯，叼到唐玄宗面前，敬酒祝寿。陕西省历史博物馆的舞马衔杯银壶，记录的就是这样的盛景（见图3）。

图3　唐代　鎏金舞马衔杯纹银壶　陕西历史博物馆　藏

"舞马衔杯",是皇家的御用演出,道具当然也是顶级的,舞马衔的应是金杯或银鎏金的杯子。想起一个段子,一个学汉语的留学生问中国同学:"你们的杯子也不是用木头做的,为什么要用'木'字旁?"回答很精彩:"那旁边不是还有一个'不'字吗,说明不是用木头做的。"这一问一答,充满了智慧与幽默。

图4中的这件陕西何家村窖藏出土的银杯,制作精良,纹饰精美,底部图案经过鎏金处理。这件银杯与一同出土的舞马衔杯银壶上的杯如出一辙,想来当初舞马衔着的,应该就是这种精美的银杯吧?

图4　唐代　鎏金海兽水波纹银碗　陕西历史博物馆　藏

美酒佳人、普天同庆，不知那一刻的唐玄宗，是怎样的心情？这鲜衣怒马、烈火烹油、锦上添花的生活啊，"我真的还想再活五百年"！

## 2. 舞马——魂断天涯路

"渔阳鼙鼓动地来，惊破霓裳羽衣曲。"权相杨国忠与重臣安禄山之间的斗法不断升级，羽翼渐丰且感受到危机的安禄山决定先下手为强。天宝十四年（公元755年），"安史之乱"爆发，唐玄宗从人生的巅峰跌至谷底。

而这一切，并非没有迹象。《资治通鉴》记载，唐玄宗尝谓高力士："朕今老矣，朝事付之宰相，边事付之诸将，夫复何忧。"高力士答曰："边将拥兵太重，陛下将何以制之，臣恐一旦祸发，不可复救，何得谓无忧也。"又言："自陛下以权假宰相，赏罚无章，阴阳失度，臣何敢言。"忠言总是逆耳，这个对唐玄宗忠心耿耿的老臣，看得透彻，只可惜，此时的唐玄宗已老迈，不复当年英明果决。所有你偷的懒，命运都会加倍奉还。

发动"安史之乱"的安禄山与史思明打着"清君侧"的口号，要求诛杀权相杨国忠。"清君侧"的老把戏，已经被历史玩烂了。唐玄宗倒不是在乎杨国忠这个宰相，对于帝王来说，除了他自己，天下人皆可辜负。只是，唐玄宗清楚，杀了杨国忠，也于事无补，杨国忠的性命暂时得以保全。

杨国忠这个不作死就不会死的人，在原本平定叛乱、形势大好的情况下，瞎指挥乱掺和，让前方镇守潼关的大将哥舒翰出关，与叛军决一死战。结果潼关失守，唐玄宗于仓促中逃往四川避难。

队伍行至马嵬驿，将士们又累又饿又热，拒绝前行。杨国忠的政敌太子李亨、宦官李辅国、大将陈玄礼一致认为，除去杨国忠的时机已成熟。那个只一心巴结唐玄宗、树敌太多、人又太贪的杨国忠，没想到，在乱世，唐玄宗也无法顾他周全。杨国忠被愤怒的将士们蜂拥而上、乱刀砍死。

事已至此，一不做，二不休，将士们又逼迫唐玄宗下令缢死杨贵妃。可怜一代雄主唐明皇，连自己心爱的女人也保护不了。当愤怒找不到出口的时候，离出口最近的人，总是最先遭殃。

杨玉环的姐姐，虢国夫人及其子也在这场有计划的兵变中被杀。之所以提起虢国夫人，是因为想到了那幅名画《虢国夫人游春图》（见图5）。画中的人，正在春日美景中，享受岁月的静好与命运的馈赠。所有的"大观园"都会散去，只是不承想，会以这样残酷的方式。

图5 唐代《虢国夫人游春图》绢画 辽宁省博物馆 藏

客观地说，杨玉环并不是一个有野心的坏女人，她只是一个沉浸在爱情与富贵生活中的小女人。中国的历史，总是喜欢找漂亮的女人背锅。说什么"红颜祸水"，不过是男权社会里，男人们为自己的过失找的替罪羊。

中国历史上少见勇于承担责任的失败者，勇武如霸王项羽，他的虞姬为成全他自刎而死，这样不按常理出牌，让历史为项羽准备的替罪羊都没了。这个实在想不出一个更好理由的失败者，索性把一切责任都推给了上天——"时不利兮骓不逝。骓不逝兮可奈何！"

因为"安史之乱"，长安失守，"城门失火，殃及池鱼"。曾经在御苑中养尊处优、歌舞升平的舞马，一时没人看顾，散落四处。进入长安的叛军，是常年驻守在边远之地的将士，哪曾见过长安的繁华与光怪陆离？

叛军将士冲进皇宫，烧杀劫掠，在夜间点起火，喝酒吃肉，庆祝胜利。乐声起，散落于苑内的舞马闻声而至。它们以为是曾经的盛宴、熟悉的表演，哪曾想，迎接它们的，是一场屠杀。

舞马随乐声而舞、摇头晃脑、嘶鸣旋转，这样的场景，这些叛军不要说见过，听都没听说。这些皇家的游戏、舞马的表演，惊呆了众人。"事出反常必有妖"，叛军们一拥而上，用棍棒将这些舞马击杀。

每当有人感慨战乱中"十万百姓流离失所"，感慨"兴，百姓苦；亡，百姓苦"，我总会想起那些惨死的舞马，想起它们曾经优美的舞步。它们何罪之有，要为人类的愚蠢与贪婪，付出生命的代价？

它们那么欢欣，满怀希望而来，却跑向了生命的终点。人类的世界太复杂，马儿啊，去你的草原，吃你的青草，永不回头……

## 3. "清君侧"的由来

在广州南越王墓博物馆的展厅里，陈列着一盘没有下完的棋（见图6）。隔着两千多年的风烟，对弈的人早已成为传奇或者传说。

图6　汉代六博戏（博物馆复原）

那是西汉的六博棋，也是后来象棋等各种有兵种盘局棋戏的鼻祖（见图7）。我们今天说的"博弈"，"博"即来自这种"六博棋"，而"弈"则来自后来的"围棋"。

图7　汉代　青玉、水晶六博棋子　西汉南越王博物馆　藏

双方各六枚棋子，分别是用珍贵的青玉和水晶制作。透过这材质，也可以想见当年下棋人的高贵。

六博棋的起源很早，据说，最迟不会晚于商代。在春秋战国和秦汉十分流行。

下棋，棋风很重要。在汉代的宫廷，曾下过一场影响世局的棋。

汉文帝时，吴王的儿子刘贤入京，高高兴兴地跑去皇宫和时为太子的堂兄刘启（即后来的汉景帝）下棋娱乐。两个年轻人，血气方刚，因棋起了争执，刘启抡起棋盘砸向刘贤，事也凑巧，竟失手打死了刘贤。

棺椁运回，贵为诸侯王的刘濞人生第一次体会到一个升斗小民的无奈与悲哀，"官大一级压死人"，痛失爱子的刘濞也只能将一腔怒火压在心底的更深处，同时埋下的，还有仇恨与怨懑。

这一切，如种子，只等一场风暴。而那个乌云压顶的日子还是到了——电闪雷鸣，天地混沌。

彼时，太子刘启已即位为汉景帝。景帝二年（公元前155年），西汉名臣晁错上疏《削藩策》，建议削藩。景帝听从晁错之言，诏令：削夺赵王的常山郡、胶西王的六个县、楚王的东海郡和薛郡、吴王的豫章郡和会稽郡。

太欺负人了！太欺负人了！！太欺负人了！！！害死我儿，如今又来欺负老子，是可忍，孰不可忍！

刘濞本是一个性情剽悍勇猛的人，他据有吴国，统辖东南三郡五十三城，定都广陵（今江苏扬州），是一个有实力、有能力的王。

吴王的旧恨添新仇，心底压抑多年的怒火咆哮着，如火山般喷涌而出——反了！！！

这是生存之战，更是复仇之战！

但吴王可不是一个有勇无谋的人，就像他当年识时务的隐忍。削藩令下达后，吴王积极联系其他六国，仅在削藩令下达十多天后，吴楚等七国就以"诛晁错，清君侧"为名联兵反叛。这就是历史上著名的"七王之乱"。

当然，这是对失败者的描述。如果吴王成功了，可能就是另一个"永乐大帝"。历史，从来都是由胜利者书写的。

晁错上疏削藩，冒着极大的政治风险，需要有君臣之间的完全信任与理解。可惜，景帝并不是那个对的人。都说姜还是老的辣，晁错的老父亲早已看出这一步险棋，苦苦劝解无效，竟服毒自尽。

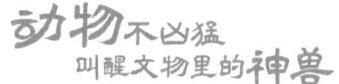

七王叛乱的消息传来，惊慌失措的景帝并没有听从晁错的计谋，而是问计于曾当过吴国丞相的大臣袁盎。与晁错素有嫌隙的袁盎献策说，吴楚叛乱只是为了杀晁错，恢复封地，只要杀了晁错，派使者宣布赦免七国，就可以兵不血刃消除叛乱。

景帝沉默良久，终于决定牺牲晁错。可惜，"清君侧"不过是一个美丽的谎言，"诛晁错"并没有平息叛乱。晁错就这样成为可以不惜一切的"代价"。对于帝王的江山来说，一个忠诚的臣子也可以命如草芥。

想当初，景帝还是太子时，文帝拜晁错为太子家令。因为晁错足智多谋、能言善辩，深得太子刘启的喜爱与信任，被太子誉为"智囊"。我们今天说的"智囊"一词，原是指西汉名臣晁错。"智囊"算天算地，却算不出自己的横祸，这多少有些反讽。晁错被满门抄斩，倒是他的老父亲，早已料到这一步，许是不忍看到这样的结果，自己动手早早了结了。

但是，历史的天秤并没有倾向吴王。景帝后来降诏讨伐，不到三个月就取得了胜利。刘濞兵败被杀，也许上天只是想用另一种方式让他和儿子团聚。

而景帝，也和他的父王文帝一起共创了汉代历史上的盛世——"文景之治"。

后人说起他，会说这是一个好皇帝。只是啊，"人生就是一袭华美的袍，上面爬满了虱子"。

历史在风烟里,任人评说,任人感慨,任人抚今追昔。

博物馆里对坐的两个人,还在下着一盘没有下完的棋。汉代六博棋的玩法已失传,这一盘棋,注定成绝响。

往来的人啊,驻足在这个历史的瞬间,凝视着棋子的一起一落——遥远的王朝、风烟、战火、成王败寇……

往事一幕幕,万般思绪,"却道天凉好个秋"。

## 4. 杨玉环之死

每当有人说起唐明皇与杨贵妃的爱情时,我总是不以为然。诚然,他们有共同的兴趣、共同的爱好,也曾经琴瑟和谐,但那些,就是爱情吗?那最多不过是艺术上的知己。

在生死存亡的危急关头,唐玄宗毫不犹豫地把生的机会留给了自己。如果他拼尽全力、冒险一搏,或者情愿与杨玉环共赴黄泉,事情也许会有转机。但是,没有如果。71岁的唐明皇,对生命依旧有着无限的眷恋,对权力依旧有着难以割舍的迷恋。或许他相信,只要这两样东西还在,他就能"看人生豪迈,只不过从头再来"。杨玉环,也只是他生命中的一个过客。

杨玉环去世时,时年37岁,已陪伴在唐明皇身边17载。漫长的相守,一世的相知,一个女人最美年华的付出,都抵不过生的诱惑。不知走到生命尽头的杨贵妃,这个被全世界抛弃,又被自己所爱之人赐死的女人，在生命的最后时刻，作何感想？

也许，人间不值得！也许，她走得决绝，没有一丝留恋。绝望的人不悲伤，回忆的痛，留给苟活于世的人，在难眠的夜，熬过细雨的晨。据说，唐玄宗命高力士将杨贵妃缢死在佛堂。死在佛堂，是否就能安抚一颗绝望的心？也许唐玄宗最想安抚的，是自己的愧疚。

当"安史之乱"被平定，唐玄宗重回长安的时候，他已不再是那个风光无限的唐明皇。被太子夺权，他成了心不甘情不愿的太上皇。在体会了世间的凉薄、宫室的冷落后，衰老的唐玄宗在无数孤寂的日子里，想起了那些歌舞升平、琴瑟和鸣的美好时光，想起了曾陪伴他度过无数晨昏的杨贵妃，不禁悲从中来。

回望身边，只有忠心耿耿的高力士在侧。他命高力士去杨贵妃匆匆下葬的地方寻访，看尸骨是否尚存。高力士奉命而去，回来时，只带回了一个香囊。史料记载，高力士回唐玄宗：尸骨无存，只有一个香囊尚在。

今人一时很难理解，既然尸骨都腐烂了，为何香囊还能独存？直到考古出土了这件银鎏金香囊，众人才恍然大悟——原来唐代这种金属制成的透雕香球，也叫香囊（见图8）。这件香囊是当时的黑科技，利用了陀螺仪原理，不管球体怎样晃动，内环始终保持水平。想来也只有杨贵妃这样的身份，才能佩戴这样时尚又精美的香囊。

图8 唐代 镂空鎏金香囊 成都博物馆 藏

生前有多荣耀,死后就有多凄凉。杨玉环像是提前透支了她一生的幸福,把她的精彩浓缩在短短的37年中。逝去的人没烦恼,活着的人,却要面对无尽的相思、愧疚,被回忆一次次刺痛,独自忍受漫长的夜与无边的孤寂。

"七月七日长生殿,夜半无人私语时",这份思念的痛,何尝不是对唐玄宗苟且偷生的一种惩罚?我们中国人的爱情,追求"生不同衾死同穴",追求"山无陵,江水为竭,冬雷震震,夏雨雪,天地合,乃敢与君绝"。这些,唐玄宗不懂。

可惜了杨玉环,终是错付了。只是,在那样一个时代,她有选择吗?有句话说:"一个人最可悲的,不是没人爱,也不是没有爱的人,而是失去了爱的能力。"唐明皇与杨贵妃,到底哪个更可悲呢?

叫醒
文物里的神兽

骆驼才是"带货王"

# 骆驼篇

# 骆驼篇

## 骆驼才是『带货王』

只有这匹三彩骆驼,依旧绚丽浓烈,述说着丝路的繁盛,曾经的繁华,那些歌舞升平的美好过往。

汉代，随着丝绸之路的开通，东西方之间的商贸往来也繁盛起来。正是在这个时期，骆驼的艺术形象开始增多，并在唐代达到顶峰。图1中的这件青铜骆驼，是汉至魏晋时期的一件随葬器，它看起来平淡无奇，一如骆驼本身——沉默坚忍。

图1 汉−魏晋 青铜骆驼 甘肃省博物馆 藏

被誉为"沙漠之舟"的骆驼（见图2），像是为丝绸之路定制的交通工具，它耐力好，耐饥渴，又能负重，适合沙漠行走，成为丝绸之路上最佳交通工具。

图2　唐代　黄玉骆驼　天津博物馆　藏

汉代丝绸之路上，输出的大宗商品是丝绸。众所周知，中国是产丝大国。在当时世界其他地方，并没有丝绸生产。丝绸，是汉代丝绸之路的最西端——古罗马人的最爱。

古罗马人管中国叫"塞里斯",意思就是成束的丝。当时的罗马,并不知道丝绸是如何生产的,只模糊地知道丝绸与树叶有关。

在古罗马的相关记载中,我们能看到一些有趣的描述:丝绸有的是用树叶上的绒毛织成的,有的是从树叶中抽出的线织成的。比如古罗马作家老普林尼在《自然史》中写道:"他们向树木喷水而冲刷下树叶上的白色绒毛,然后再由他们的妻室来完成纺线和织布这两道工序……"

相比于世界上其他两类古老的织物——毛纺织品是从动物身上获取原料,棉纺织品是从植物身上获取原料。只有丝绸,把二者结合起来——通过蚕(动物)吃桑叶(植物)吐丝,成就了神奇的丝绸。

唐朝时玄奘到印度取经,曾路过西域于阗国,在他的《大唐西域记》中记录下当地关于"传丝公主"的传说:从前,丝绸的生产技术是严格保密的,直到南北朝时,通过通婚,中原的公主把蚕种秘密带到了于阗国。于阗国从此开始了丝绸的生产,并由于阗国向更远处传播。

直到今天,新疆和田地区(古代于阗国)的艾德莱丝绸都非常有名。因为沿袭传统的手工织造工艺与天然染色技法,艾德莱丝绸非常受国际市场的欢迎。

丝绸之路运输的丝绸,有成品,也有丝束。丝束在近东地区再加工,制成符合当地和罗马审美的样式。

罗马的贵族,酷爱紫色的丝绸长袍。据说最初凯撒穿着这种闪着

微光的紫色丝绸长袍出现在剧场,一下惊艳了众人,引起了巨大的轰动。只是,这种紫色并不易得——它是利用腓尼基海域所产的一种深海骨螺的内脏染色,工艺极其复杂。

由于这种染色工艺最初是在泰尔港发明,所以也叫"泰尔紫"。染一件长袍就要消耗上万只深海骨螺,所以,紫色在当时,成为有钱人和贵族的专属。到了罗马帝国时期,暴君尼禄更是将紫色垄断,规定除了皇室和禁卫军,其他人不许穿紫色衣物。

电影《角斗士》里的老国王马可·奥勒留,就穿着紫色长袍。这个罗马帝国时代"五贤王"中的最后一位,以其哲学著作《沉思录》留名。他就是柏拉图口中的哲学王,是柏拉图曾经梦想的以哲学家治国的现实版。可惜他也是罗马帝国时代最后的辉煌,他之后帝国开始走向衰落。这位打破传统,传子不传贤的老国王,被继位的儿子狠狠打脸。看来,"懂得很多大道理,依然过不好这一生"。

其实,这种紫色的长袍,穿起来并不让人赏心悦目。因为特殊的染色工艺,它有一种很难闻的腥臭味。只是"物以稀为贵",为了彰显自己的身份与地位,牺牲一点舒适度也是值得的。

丝绸在遥远的丝路上,通过驼队的漫长跋涉,最终到达罗马贵族的手中时,已变得贵比黄金。奢华成性的罗马贵族,争穿丝绸衣服,使得黄金大量外流。为此,罗马元老院多次下令禁止穿丝绸。当然,禁令也阻止不了罗马人对丝绸的狂热。

公元540年,东罗马发动了对波斯的战争,起因即为丝绸。罗马人的丝绸都是从波斯购买,当他们发现丝绸越来越少、越来越贵时,以为是狡诈的波斯商人从中捣鬼。其实,是遥远的中国发生了变动,南朝梁武帝发动的四次北伐,严重影响了丝绸贸易。东罗马对波斯的战争进行了三年,真是遥远的"一只蝴蝶在亚马逊雨林偶尔扇动几下翅膀,就可以在两周后引起美国得克萨斯州的一场风暴"。

图3中的这件魏晋时期画像砖上的图案,有点抽象。有人说是麻花,有人说是藕,还有人说是粉条……再猜下去,火锅菜都全了。正确答案是丝束。丝绸之路上的商人把它们运到近东地区,当地再把丝束加工成罗马人喜欢的料子,可以获取更高的利润。

图3　魏晋　彩绘绾丝图壁画砖　敦煌博物馆　藏

图4中的这件唐代三彩骆驼身上拧成麻花一样的货物,也是丝束。看完这件作品,再回头去看魏晋丝束画像砖,就好理解了。几百年过去了,丝绸之路上的商品,一直以这样的形态流转。

图4　唐代　绿釉载丝骆驼　洛阳博物馆　藏

图5 唐代 三彩釉陶骆驼载乐俑 中国国家博物馆 藏

唐代陆上丝绸之路的商品，除了丝绸，还增加了陶瓷。只是，陶瓷并不是大宗。陶瓷太重，又易碎，并不适合陆地上的长途跋涉。陶瓷真正成为大宗商品，要等到唐中后期，海上丝绸之路的兴起。

唐代的骆驼，不仅驮货，还驮乐队。图5中的这件唐代三彩伎乐骆驼，花毯上面有胡人乐舞。四个胡人乐手坐成一圈，其中一个在弹奏琵琶，另外三个也在作奏乐状，中间的胡人站立起舞，一派欢腾。只是不知道下面的骆驼作何感想，它高昂着头，仿佛在嘶叫——压死老子了！

最有趣的，是一个绿脸乐手（见图6）。唐三彩，其实并不是瓷器，而是釉陶。因为釉色的流淌，通常人物脸上不施釉。这个沾染上绿釉的乐手莫名地脸就绿了，瞪着大眼莫名惊诧。

丝绸之路，不仅是商贸之路，也是艺术文化交流之路。中亚、印度、西域的乐舞，沿着丝路传播，丰富了中原的音乐与舞蹈，也成为隋唐宫廷乐舞的基础，并远传朝鲜、日本等国。

图6　唐代　三彩釉陶骆驼载乐俑　中国国家博物馆　藏

这支欢快的骆驼乐队,仿佛是大唐的盛世之音。"安史之乱"后,唐朝国力衰退,无力控制西域,陆上丝绸之路受阻,海上丝绸之路兴起。骆驼像是完成了它的历史使命,一点点从文物的历史记忆中消退。

随着海上丝绸之路的崛起,以及唐代陶瓷工艺的发展,在这种"万物皆备于我"的形势下,陶瓷终于成为海上丝绸之路上的大宗商品之一。这一点,从印度尼西亚海域出水的著名沉船"黑石号"上,可见一斑——"黑石号"商船上,光瓷器就有六万多件。

这时的主要贸易对象,已不再是罗马帝国,而是西亚的阿拔斯王朝。许是唐朝命不该绝,此时的阿拔斯王朝正值它的鼎盛期,货物需求旺盛,繁荣的贸易往来带来巨大的商业利润。很多人惊异于"安史之乱"这样的大动荡后,唐朝还能有约一百五十年的国运,其中,经济的支撑是重要原因之一。

即便如此,三百年大势已去,"风流总被雨打风吹去"。只有这匹三彩骆驼(见图7),依旧绚丽浓烈,述说着丝路的繁盛,曾经的繁华,那些歌舞升平的美好过往。

图7 唐代 三彩载乐骆驼俑 陕西历史博物馆 藏

叫醒
文物里的神兽

不动凶物凶猛

鸡缸杯里的历史风云

# 鸡篇

# 鸡缸杯里的历史风云

一只小小的斗彩鸡缸杯,在近六百年的岁月流转中,在历史的幽深里,沉默不语,却又无声诉说。

鸡篇

一只成化年间的斗彩鸡缸杯，小巧玲珑，大名鼎鼎（见图1）。不只是它在拍卖会上创下的天价——2.8亿港元，也不只是上海龙美术馆的主人、大收藏家刘益谦先生用刚刚拍得的它，喝了一口普洱茶，单是它曾经的主人，就已是传奇。由它引出的故事，更是跌宕起伏，令人唏嘘。

图1　明代　成化斗彩鸡缸杯　台北故宫博物馆　藏

这只小小的鸡缸杯，它传说中的主人就是大名鼎鼎的万贵妃。同为贵妃，万贵妃的受宠程度是集万千宠爱于一身的杨贵妃也望尘莫及的。两个人最后的结局也是云泥之别，"有人光万丈，有人一身锈"。细究起来也无他——背后站着的男人不同。

成化帝，这个弱到总也刷不到存在感的皇帝，只有在万贵妃身边，才能感到片刻的安宁。而这一切，都要归功于它那不着调的老爹——正统、天顺皇帝明英宗朱祁镇。

明英宗也是传奇，虽然不着调，却是万人迷。他就是有这个能力，让所有人爱上他。不着调的明英宗宠信太监王振，听信他的鼓动御驾亲征，攻打蒙古瓦剌部，发生土木堡之变。

长于深宫、宠信太监的明英宗不懂得战争的残酷，他宠信的大太监王振同样不懂。这一对幼稚组合做着各自的美梦——英宗想的是游山玩水，顺便扬名立万；王振想的是衣锦还乡，光宗耀祖。

也正因此，攻打瓦剌部的行军路线居然可以先绕道王振的家乡，而更可笑的是，王振怕军马踩了家乡父老的庄稼挨骂，居然让大军下马牵缰而过。这一通神操作过后，明眼人都看得出来，把打仗当儿戏，这一仗，输赢已定。

后来战争的结果也毫无悬念，不但仗打输了，英宗还被瓦剌部俘虏了。见过丢人的，没见过这么丢人的。永乐大帝朱棣迁都北京，当初打的就是"天子戍边"的口号，这下倒好，"边"没守住，自己还成了俘虏。

"不作就不会死"的大太监王振也被杀死。其实关于王振的所作所为，倒是可以理解。历史上，能写入正面人物的太监不多，如果有，可能唐代高力士算一个，明代下西洋的郑和算另一个。

人的两大欲望——色与利，太监天然被剥夺了一个。剩下的一个，开始变本加厉。所以，历史上，太监大多比较贪财。有人说，没有子女，钱财留给谁呢？其实，哪里要等到来世，这一世的荣华富贵，就足以让人痴狂——"何时忘却营营"！

比"色"与"利"更具诱惑的,其实是"名"。人生苦短,谁不想在历史的长河中激荡,留下浓墨重彩的一笔呢?更何况是一个被人鄙薄的阶层——太监,他们更需要证明自己,活成人上人,活出个样子给别人看。

大太监王振就是这样做的,他所有的努力似乎都是为了这一天——还乡!毕竟,"富贵不还乡,如锦衣夜行。"为了这出戏,王振已隐忍奋斗了半生。演砸却只是一瞬间的事,从衣锦还乡到客死他乡,人生大起大落,实在是太刺激了。

而更刺激的,还在后面。明英宗,这个不着调的皇帝,就是有一种神奇的魅力,能让身边的人,都爱上他。兵败被俘的皇帝历史上不少,之前北宋"靖康之难"就有著名的徽、钦二帝,可被俘之后还能被放回来的,则绝无仅有。"万人迷"明英宗,做到了!徽宗如果地下有知,想必已哭晕在厕所了吧!

就在明英宗被俘的日子里,因为"国不可一日无君",正直的大臣于谦拥立英宗同父异母的弟弟朱祁钰登基,即明景帝,年号景泰。话说景泰蓝就是以明景帝的年号命名,因为景帝酷爱这种珐琅彩器。

大臣于谦一边着手拥立新君,一边忙着策划平定乱局。在于谦等一帮文臣武将的努力下,北京保卫战打赢了,一度面临灭亡的危势也渐渐稳定下来。

然后,明英宗,这个最不该出现的人出现了。他的归来,给所有人出了一个难题——该如何安置这个曾经的皇帝?

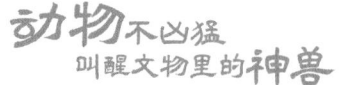

景帝到底是念及手足之情，一时心软，还是政治不成熟，抑或只是因为这是人见人爱的明英宗？他在这里犯下一个致命错误——将英宗软禁，而没有痛下杀手。景帝没有意识到这个决定对他的未来意味着什么。

就像项羽在鸿门宴上的沉默，没有人知道当时的他在想些什么，机会转瞬即逝。在垓下之围的岁月，四面楚歌响起，项羽是否会在难眠的夜里，在某一个时刻，想起那个鸿门之宴，他是否会痛恨当初的自己？

历史充满了戏剧性。景帝病重，被软禁的太上皇——曾经的英宗居然在一帮人的簇拥下重新夺回王位。历史也充满了不可思议，这样一个不着调的皇帝，却偏偏有着难以抵抗的人格魅力。

王者归来，前车之鉴。摇身一变，重新为帝的英宗，没有手软，也没有丝毫犹豫地送他的弟弟景帝"一路走好"了。关于景帝的死，历史记载一直讳莫如深。没有人知道他是怎么走的，如同无数深宫秘密，在幽暗中滋生，又归于沉寂。

而那个曾经写下"粉身碎骨浑不怕，要留清白在人间"的大臣于谦，那个力挽大明于倾颓之际的忠臣于谦，也成了可悲的牺牲品，仅仅因为他在国家危难之际拥立了景泰帝。对大明，于谦没有做错什么，甚至可以说是有功于大明，但对明英宗，却是夺位之仇——如果不考虑自己的不着调。

英宗当然不会承担自己的错误，如果他能反思，就不是他了。可怜一代忠臣于谦，成了那个不惜一切的代价。

在正统、景泰、天顺的翻天覆地中，在哥哥、弟弟、哥哥的轮替里，有一个小孩子，用惊恐的目光，注视着"城头变幻大王旗"。他，就是后来的成化帝。

从曾经的明英宗的太子，到亲叔叔成为景帝，他成为废太子，这个弱小的孩子，时刻生活在死亡的阴影中。而在他动荡不安、惊恐万状的生活里，只有一直照顾他、陪伴他的宫女万氏给了他稳稳的安全感。这个大他十七岁的强悍女子，在他危弱之际，与他同生共死。他们之间的感情，早已超越了爱情，成为休戚与共的命运共同体。

因为那个著名的不靠谱老爹，成化帝的命运如坐过山车般急转直下。忽然间，他又从废太子变成了太子。而此时的他，不过是个十岁的孩子。人生经历太过跌宕，让这个在忧心忡忡中成长起来的孩子，无力面对。

这就是命运分给成化帝的牌，成化帝用宫女万氏的手，接住了。以万氏的出身，能跻身贵妃之列，已是"人极"。而这并不是最重要的，最重要的是，不管名分如何，后宫真正的实权人物，是她，而非皇后。

其实，不管是万贵妃，还是皇后，还是其他后宫中人，她们的权力无一不来自皇上。皇上心里有谁，谁就是那个实权人物。所以，当皇后打了万贵妃一巴掌，万贵妃跑到皇上那一哭诉，皇后就被废了。

宠溺若此，在日常生活起居用度上，自是无以复加。据说万贵妃

属鸡，这个精工细作的斗彩鸡缸杯，为万贵妃所有，不过是皇上宠爱的一种表现。

精致小巧的鸡缸杯，在当时，应该是用来喝酒而非喝茶。自从元代开始有了蒸馏酒，酒的度数开始提高。饮酒器也开始有了相应的变化，从大碗喝酒变成了小杯啜饮。

其实，古人大碗喝酒，不是因为豪放，只是因为酒精度数不高。喝酒跟喝醪糟似的，任谁都可以放纵一把。《水浒传》中武松喝完几大碗酒去打虎，可以是真的，但若是换成后来的蒸馏酒，估计就不是打虎而是舍身饲虎了。

集万千宠爱于一身的万贵妃，慵懒地握着无数能工巧匠精心烧造的斗彩鸡缸杯，过着她岁月静好的生活。虽说用今人的眼光看，鸡的形象算不上漂亮，可是，今非昔比，历史上的鸡，可是有贯耳大名。

早在汉代，韩婴便在《韩诗外传》中提出鸡有"文、武、勇、仁、信"五德。又由于"鸡"与"吉"谐音，鸡成为古人寓意光明的吉祥之鸟。

鸡的美好，可以入名。著名的如汉代吕后，名字就叫吕雉。而"雉"，即为野鸡。到了今天，这一名词已经衍生出更多词义，甚至被污名化。

明代的鸡，地位还是相当显赫。明朝文武百官的服饰为了体现品级，在袍服上加了补子。补子位于袍服的前胸和后背处，用金线加五彩丝线刺绣而成。

"文禽武兽",补子上文官绣禽,象征智慧;武官绣兽,象征勇敢。一品文官补子图案为仙鹤,二品即为锦鸡,以下分别为孔雀、云雁、白鹇、鹭鸶、鸂鶒、黄鹂和鹌鹑。从锦鸡位列二品大员补服之上,即可见鸡的尊贵地位(见图2)。

图2 明代 二品文官锦鸡补服(博物馆资料图片)

我们熟知的成语"衣冠禽兽",原是指穿戴绣着禽兽的华丽服饰的古代高官。本是地位尊贵之人,可能是古代的贪官也很多,这个表达尊贵的成语就慢慢变了味,成了穿着衣服的禽兽。哎,好好的一个词,让人给穿坏了。呀,好好的一只鸡,也让人给说坏了。就这样,"鸡"与"衣冠禽兽",手拉着手,一起堕落了。

而在明代,鸡还是尊贵无比的,一如当时如日中天的万贵妃。只是,命运给你打开了一扇金光大门,就会在暗处,为你关掉一扇窗。尊贵如万贵妃,也有她的烦恼——自从早年诞下一女夭折后,她再不能生育。没有产下皇子的万贵妃，看哪个怀孕的妃子都不顺眼，谁要是生下男孩，那就更不能容了，必置之死地而后快。

万贵妃的跋扈，自是成化帝的纵容。都说有多少爱，就有多少包容。成化帝的爱有多少，我们不知。但成化帝的包容，我们从历史可见。

比成化帝年长十七岁的万贵妃，在美女如云的后宫，在人老珠黄之际，她得到的宠爱不是来自容貌，而是成化帝心底的伤——终生缺失的安全感。史料记载，万贵妃五十八岁时因病去世。她走之后，仅仅几个月，悲伤过度的成化帝就随她而去了。

爱是什么？不可说！不可说！

一只小小的斗彩鸡缸杯，在近六百年的岁月流转中，在历史的幽深里，沉默不语，却又无声诉说。

叫醒
文物里的神兽

动物凶猛

羞煞虎也

虎篇

虎篇

## 羞煞虎也

哎呀,用老虎做尿壶,你们只管自己爽了,有考虑过『兽中之王』的感受吗?

图1中的这件威风凛凛的北燕虎形青铜器,学名叫虎子。虎子是溺器,通俗点说,就是尿壶。哎呀,用老虎做尿壶,你们只管自己爽了,有考虑过"兽中之王"的感受吗?

图1 十六国北燕 青铜虎子 辽宁省博物馆 藏

估计这只老虎如果有灵,上翘的尾巴会瞬间耷拉下来,低下头——羞煞王矣。

这件虎子出土于辽宁省北票县冯素弗墓，这是一个非常重要的有确切历史纪年的大墓。冯素弗是北燕皇帝冯跋之弟，当年和哥哥冯跋一起打天下，出生入死，居功甚伟。天下打下来了，北燕建国，哥哥冯跋称帝。这个有勇有谋的弟弟，又辅佐哥哥六年，像是完成了自己的使命——扶上马，送一程。

公元415年，冯素弗病故。他用自己一生的辛劳、殚精竭虑，成就哥哥冯跋的一世辉煌。他走了，留下哥哥一人，面对无限江山、面对风云再起、面对动乱的时代和无尽的日升与月华。

史料记载，冯素弗病故，归葬北票墓地，冯跋破例"七临之"。在弟弟的墓前，他涕泪长流，哭之甚恸，这在历史上是非常少见的。冯跋是想把弟弟唤醒吗？他的千里江山，他的无尽荣华，这个与他共度无数惊心动魄的夜、闯过无数激流险滩的人，都无缘再享了。最是生死不由人，纵是英雄也枉然。

图2中的这件威风凛凛的虎子，出自同是英雄的北燕冯素弗的墓中，算是多少挽回了点面子。五胡乱华，十六国以当时北方民族政权为主。但北燕皇帝冯跋是汉人，或者确切地说，是鲜卑化汉人。以前，我们经常听说的是少数民族的"汉化"，但历史的真实是，"汉化"与"胡化"是同时上演的。南北朝时期的北齐，皇族是汉人高氏，也是高度"胡化"的。

图2　十六国北燕　青铜虎子　辽宁省博物馆　藏

当时，北方的少数民族更喜欢用金属器，而不是汉地流行的瓷器。这与他们的生活方式密切相关——在更具流动性的生活里，在颠沛流离的迁徙中，金属器的坚固耐用明显更有优势。瓷器易碎，而且重，这些都让它在北方少数民族地区不受待见。

反观汉地，图3中的这件东汉越窑瓷器虎子，则呈现出迥然不同的艺术特征。这只可爱的小老虎，它的头侧偏，不知看到了什么，咧开嘴大笑起来，笑得虎牙尽露。而我们也被它天真纯净的笑容感染，不由莞尔。

图3 东汉 越窑褐釉瓷虎子 浙江省博物馆 藏

虎子,一般都是用正面大开的虎嘴作器口(见图4),图3中的这件作品匠心独运,呆萌的小老虎侧头一笑,充满了现代动漫气息,真是又呆又萌又美好。

图4 三国-西晋 青瓷虎子 辽宁省博物馆 藏

就像当时的汉地，相对稳定的农耕社会，四时更替，春作秋收，日子简单，没有太多的不确定性与忧虑。在这样的背景下，制作一件精美的瓷器，它易碎，唯有岁月静好的生活，才能留存易逝的美。

到了唐代，虎子继续使用。只是，它不能再叫"虎子"了，因为要避唐太祖李虎的名讳，"虎子"改叫"马子"。

唐高祖李渊，唐朝开国皇帝，他追封自己的爷爷——西魏名将、柱国公李虎为唐太祖。"虎"是常用字，这下好了，为了避李虎的名讳，下面真是乱成一锅粥。

古代帝王的名字，多用生僻字，倒不是故意为难我们，恰恰相反，是为了方便广大人民群众。当时要避帝王名讳，如果帝王的名字用一个常用字，就会给人民生活带来很大不便。像清代雍正帝叫胤禛，嘉庆帝叫颙琰，名字虽不好念，但"懂事"，不给人民群众添麻烦。

唐太祖李虎也不是不懂事，只是，他没有想到自己会有一个这么有出息的孙子，祖坟冒起了青烟，他一下从"公"变为"帝"，估计他的棺材板都快压不住这奔涌而出的巨大喜悦了。

虎子，托李虎的福，再也不用和这不体面的溺器捆绑在一起了。记得讲座时，在讲到北燕冯素弗墓出土的青铜虎子时，一个朋友问：怎么知道它是尿壶，有味吗？我说：是的，还是那味儿。一千多年了，出土的时候，当场就熏倒了两个年轻的考古工作者。

我一本正经地说，大家都笑了。

唐代的虎子，改名叫马子，我们今天用的"马桶"一词，即源于此。

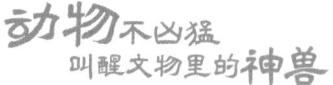

在唐代，不仅虎子不能叫虎子了，连老虎都改叫"大虫"了。洛阳东边门户和重要的关隘"虎牢关"改为"武牢关"；成语"管中窥虎"变成了"管中窥豹"；历史悠久的虎贲军也被废止了；虎符（见图5）则变成了鱼符……

图5　战国　杜虎符　陕西历史博物馆秦汉馆　藏

相比于爷爷李虎带来的混乱，李渊这个孙子倒是好多了。只是，曾经以冶剑著称的浙江龙渊，再也不能叫龙渊了。春秋战国时期，铸剑鼻祖欧冶子在此铸剑，忽然出现了"五色龙纹"，人们就将此地称为"龙渊"。

龙渊这个地名叫了近千年，到了唐代，为避唐高祖李渊的名讳，此地改名"龙泉"，也就是今天浙江省西南部的龙泉市。这里也是大名鼎鼎的龙泉青瓷烧造地。

不管叫什么，虎子一直在沿用，只不过器形有变化。清代广东地区曾经出现过一种洋人造型的陶瓷虎子，叫作"巴夏里夜壶"（见图6）。巴夏里是鸦片战争时期英国驻广州总领事，当地人把巴夏里的形象放在夜壶上，用以表达对侵略者的痛恨。

图6　清代　巴夏里夜壶　佛山市博物馆　藏

虎子的使用历史非常悠久，电视剧《人世间》里，20世纪六七十年代的东北，也有用到这类溺器。有人说，味太大了吧，可相比在寒冷的冬夜出门上厕所，人们更倾向于这种简省。两害相权取其轻，人类总是这样理性。直到抽水马桶的普及，虎子才不用"闻味儿"了。

在博物馆里，不管是威风凛凛的青铜虎子，还是调皮可爱的陶瓷虎子，它们静卧于一隅，等你走近，再近，深吸一口气，叹然：还是那味儿啊——历史的味道！

不动凶猛

叫醒文物里的神兽

以"席"为天地,"豹哥"镇一方!

豹篇

以『席』为天地，『豹哥』镇一方！

豹哥的心情一下子舒畅极了，心里想：

『哼，想不到你个浓眉大眼的，也有今天！』

图1中的河北满城汉墓出土的豹形席镇，是席镇中的奢华代表。著名的满城汉墓，是西汉中山靖王刘胜和夫人窦绾的合葬墓，出土了众多举世闻名的文物。最著名的，有他们身穿的金缕玉衣；错金银博山炉；当然，还有灯界"顶流"——长信宫灯。这两件豹形席镇，虽不能和它们相提并论，但在席镇界，也是响当当的存在。

图1　汉代　错金银铜豹　河北博物院　藏

中山靖王刘胜是汉武帝同父异母的兄弟，关于他的功绩，历史记载乏善可陈。他最大的特点，就是喜好酒色、孩子多，有子孙一百二十多人，这是一个拿生命在造生命的人啊！

中山靖王刘胜这个名字，很多人是从刘备口中第一次听说——"我乃中山靖王刘胜之后"。不得不说，刘备这个祖宗认得聪明。刘胜以多子著称,到刘备这一代,已经过了二百多年,子子孙孙,开枝散叶无穷尽。至于刘备是不是刘胜之后,已经不重要了,反正先占个刘姓正统再说。

子不是曰过吗,"名不正,则言不顺;言不顺,则事不成"。就这样,编草鞋、卖"拖孩"的刘备,华丽丽地一转身,成了中山靖王刘胜之后,大汉正统,刘氏真传。

豹形席镇,出土于刘胜夫妇墓。汉代,并没有今天我们普及的椅子,人们是跪坐在地上休息、交谈、吃饭的,讲究的人家地上铺一方席子,因为席子的四角容易卷起,所以,放四个席镇压住席子。

豹形席镇,是错金嵌宝石青铜器。错金的豹纹,让它明艳奢华,宝石眼睛熠熠生辉,仿佛在黑暗中看见猎物,马上来了精神。而它的造型,是优雅的伏卧,四爪着地,机警地望着远方,随时随地准备投入战斗。

这么帅的豹哥,不是奔跑在草原上,而是卧伏在席子上,实在是有点大材小用,豹哥不说话,但豹哥心里苦啊。

豹哥抬眼打望,看见了战国错金杜虎符(见图2),一下子就酸了,继而羞愧难当,恨不得找个地隙钻进去。看人家虎哥,威风凛凛,大权在握。虎符可是用来调兵遣将的,没有虎哥同意,千军万马都得给我卧着。

图2 战国 杜虎符 陕西历史博物馆秦汉馆 藏

虎符是从中间一分为二,一半在帝王手中,另一半在将军手中,只有两个合在一起,构成一个完整的虎符,在外的将军才可以调兵遣将,指挥千军万马。为了防止伪造,两个虎符要能通过榫卯严丝合缝,这也是汉语"符合"的来历。

战国时期有个著名的历史典故,叫"窃符救赵"。魏国信陵君没有获得魏王允许,只得用计从宫中偷出虎符,私自调遣军队,去救赵国。这种事,成了叫有胆、有谋、有担当,砸了叫欺君罔上、居心叵测、图谋不轨。信陵君属于幸运的那一类,不但做成了事,还留下了名。"哥虽然不在江湖,但江湖上依然有哥的传说"。

豹哥看着虎符上威风八面的老虎,心里很不平衡——都是猫科动物,虽说虎哥是百兽之王,可要单论短跑,我还要略胜一筹呢。凭什么虎哥高高在上,成了人们手中趋之若鹜的"符",我却要屈居于下,成了伏卧在人们脚边的"镇"。豹哥一时百感交集,羡慕嫉妒恨,各种复杂的情绪此起彼伏,让豹哥的眼睛都变红了。

咦,那是什么?豹哥用发红的眼角余光,扫见了一个似曾相识的存在——南京博物院汉代虎形席镇(见图3)。同样的错金青铜席镇,同样的蹲踞于地,豹哥的心情一下子舒畅极了,心里想:"哼,想不到你个浓眉大眼的,也有今天!"

图3　汉代　错金银铜虎席镇　南京博物院　藏

席子因为有四角,所以席镇一般有四个。有完全一样的,也有两两一样的。席镇的造型很多,汉代贵族在这咫尺之间,通过对生活细节的考究,显示品位,也彰显地位。汉代皇室有时也会定做一批,用来赏赐功臣。所以,经常会有同一造型的席镇在不同的墓葬中出土。

席镇中有一种比较有代表性的造型是俳优——四个小矮人的形象(见图4)。他们其实是侏儒,专门从事滑稽表演,也有人说,他们就是现在相声行业的鼻祖。俳优的表演形式漂洋过海,影响到日本。日本今天的俳戏和俳句都与此有关。

图4 汉代 俳优俑席镇 三门峡市博物馆 藏

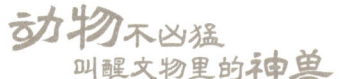

每种人,都要根据自身的特点,找到自己的生存空间。汉代社会,侏儒通过说唱滑稽表演来养家糊口。最有名的俳优形象,是曾经选入我们历史课本的击鼓说唱俑(见图5)。俳优通过夸张的肢体语言,说唱逗乐,成为当时社会娱乐活动的提供者。用今天的话来说,人家可是混文艺圈的。

图5 东汉 击鼓说唱俑 中国国家博物馆 藏

其实，用侏儒娱人，这种现象，并非中国特有。看17世纪的西方绘画，常能见到侏儒的形象，他们出现在宫廷，或是陪伴小王子，或是娱乐女主人，作用异曲同工。

除了俳优席镇，还有很多造型精美的席镇。汉代工匠，在小小的一方席镇上，尽情地发挥自己的想象与创造力，留给后人无尽的遐思与美的享受。后来，椅子从西方传入中国北方地区，这些"胡床""胡凳"又慢慢传入中原。唐宋时，木制家具还处在发展的初期，数量有限。等到明清，就开始繁荣起来，以至于留下今天还为人称颂的"明式家具"。

随着椅子等家具的普及，人们不再席地而坐，席镇也就失去了用武之地。不过，席镇并没有退出历史舞台，而是与时俱进，摇身一变，成了我们书桌上的镇纸，并且一直沿用至今（见图6）。

图6 清代 篆文紫砂镇纸 安徽博物院 藏

今天，博物馆中的豹哥依旧伏卧着，只是，不再伏卧于地，而是高居展台。豹哥在聚光灯下，闪着迷人的小眼睛，接受着众人的欣赏、赞叹、礼拜。两千多年了，豹哥总算是找回了一点尊严。

博物馆里人来人往，豹哥瞪着红红的小眼睛，一眼，阅千年；一眼，越千年。

叫醒
文物里的神兽

做人有时还真的不如一条狗唉!

怂成这样,你这是要给贼开门吗?

狗篇

做人有时还真的不如一条狗唉！

中山王的无限江山，他的爱犬，还有那副史上最奢华的狗带……一切，都不复还了。

"战国七雄",坐拥万乘战车,才可在兵荒马乱的时代傲视群雄。

中山国是"千乘之国",兵车九千,在"七雄"之后,号称"战国第八雄"。这个由北狄的一支白狄建立的国家,是最早在中原建国的少数民族政权。

周围列强环伺,中山国唯有骁勇,才能在这险恶之境生存。九千乘兵车,就是证明;保持狩猎的习俗,或许也是。就像清代皇帝在承德木兰围场的"木兰秋狝",皇帝亲率王公大臣、八旗精兵射猎,其目的是加强将士的军事素质。

古代狩猎,离不开猎狗。人们带狗狩猎的场面是什么样呢?英剧《唐顿庄园》中,十九世纪英国贵族纵马猎狐,一群细长的猎狗呼啸奔驰。想来,古人狩猎也不外乎此。

在中山王"厝"的墓葬中,有殉葬的狗,从狗的骨架可以看出,这是一种身材颀长的猎狗(见图1)。

猎狗,不同于今天很多人养的宠物狗——矮矮胖胖,猎狗要快速奔跑,所以一定

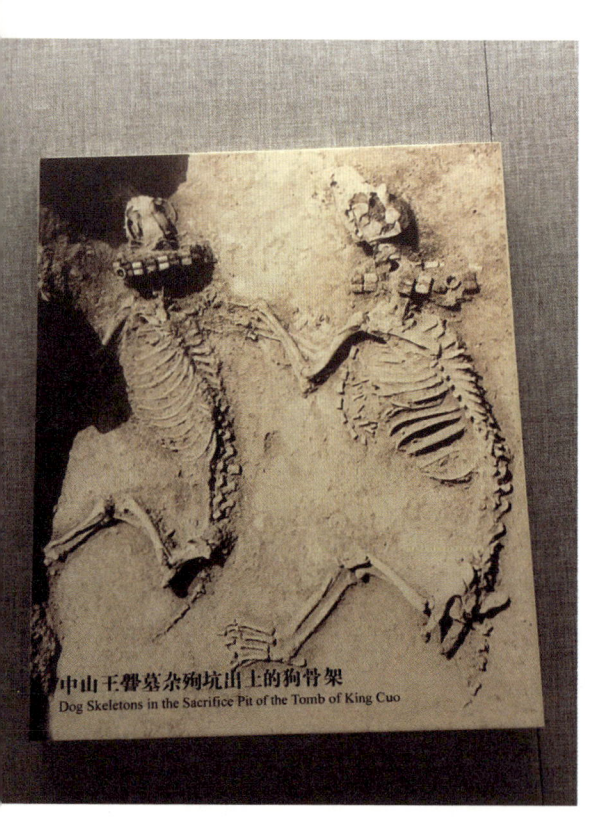

图1 战国中山王墓殉狗(博物馆资料图片)

要有两双"大长腿"。此外,也不能胖,带着几十斤肉,像是背着一只羊,速度怎么能上去?就像今天盛行的马拉松,最好的运动员没有胖子。

甘肃博物馆四坝文化的彩陶方鼎(见图2),器盖上有三只立狗,每一只都凶巴巴地立起双耳、瞪起小眼、张开大口,一看就是不好惹的主。四坝文化距今3900年至3400年,这件方鼎出土于甘肃省玉门市火烧沟。

图2　四坝文化　三狗钮盖彩陶方鼎　甘肃省博物馆　藏

从侧面看过去，这三只狗身体健硕、身高腿长，有着极明显的猎狗特征。

曾经在海边，看到一只骨骼清奇的大狗，细细高高，全身几乎没有一丝赘肉。好奇之下，问主人，这是什么品种的狗？主人骄傲地说，这就是目前世界上跑得最快的狗——格力犬，也称灵缇。它修长强健的四肢，发达的胸肌，流线般的形体……，一切都是为奔跑而生。

回家翻阅资料，说灵缇的最高时速可达每小时七十二公里，甚至超越了它的祖先——狼（每小时六十公里）。

中山王的猎狗想来也是如此健硕修长，奔跑时风驰电掣，在中山王的身边，陪伴着他度过很多难忘的时光。也正因此，中山王走的时候，也想带着它们一起，在另一个世界，重温那些往昔——峥嵘岁月。

这一对狗的脖颈上，各有一副粗大的颈圈。今天的养狗之人，也经常给自己的爱犬戴上一副颈圈，以方便牵引。只是，王的狗毕竟是王的狗，王爱狗的方式也彰显着王者风范。

图3中的这副颈圈是由金与银打造，一个矩形中空金饰件接一个同样的银饰件，如此延续，组成一个完整的狗带。而金与银的搭配，一定不是为了节省——能给狗戴金链子的主，还会在乎一条"牛尾巴"吗？

金与银的交错，也许只是为了视觉上的美感——变化与丰富。毕竟，纯色的金链子也太单调了，和活泼好动的狗狗气质不搭。中山王对猎犬的热爱，可以从这副精美奢华的狗带上管中窥豹。

图3 战国 金银狗项圈 河北博物院 藏

中山王是白狄人，保有北方游牧民族的骁勇。也正是靠着这份骁勇，在列强环伺的中原，在剧烈变动的时代，领导中山国成为"战国第八雄"。在中原的土地上打出自己的一片天，建立了第一个少数民族政权——中山国。

历经劫难，中山国像个打不死的"小强"，屡败屡战，几经起伏，在群雄争霸的战国时代存续了二百余年。只是，随着它的灭亡，它的传奇也渐渐湮没。

20世纪70年代，随着中山国王陵的发掘，这个古老的王国渐渐揭开了它神秘的面纱。人们终于发现，在河北中部的大地上，它曾留下如此浓墨重彩的一笔。

从中山国遗存的文物里，可以看到迥异于中原王朝的游牧民族文化，也可以看到不同文化之间的交融（见图4）。这个努力跻身于中原的政权，最早作出了各种可能的尝试。

图4　中山国山形青铜器（博物馆复原）

　　一个有趣的例证，最初用来防御北方游牧民族入侵的长城，也被作为北方游牧民族的中山国学会了——它在赵国两次进攻后，开始修筑长城。如今，在河北省顺平、唐县还有土石混筑的战国时期中山国长城遗址。

　　中山国最后为赵国所灭。公元前296年，赵国迁中山国的末代君主"尚"和他的子民于肤施（今陕西省延安市主城区），属于中山王的时代结束了。

仅仅六七十年后，同样是在河北大地上，彼时的燕王正经历着中山王曾经历的一切。拼死一搏的燕太子丹，在易水边为荆轲送行，面对着有去无回的旅程，荆轲吟唱道："风萧萧兮易水寒，壮士一去兮不复还。"

不复还！

中山王的无限江山，他的爱犬，还有那副史上最奢华的狗带……一切，都不复还了。

狗篇

悠成这样，你这是要给贼开门吗？

若论谄媚相，它当坐第一把狗椅。而且，仔细观察，怎么看它都像是今天『京巴』的直系先祖。

图1 汉代 绿釉立姿陶狗 河南博物院 藏

告别了战国的兵荒马乱,大汉盛世,一派祥和。就连狗狗,也变得蠢萌蠢萌的,一副打不还"爪"、骂不还"汪"的谦卑样。

图1中的这件河南省博物院汉代绿釉陶狗,嘴角向下,尾巴卷曲上扬,紧贴后背,怎么看,都像一个小受气包。朋友问:"这是中华田园犬吗?"

我说:"是的。"我给它起了个好听的名字,叫"从心"。朋友秒懂,笑说:"看那'怂'样。"

两千多年了,我们与它——汉代小陶狗,默然相认。是怎样的似曾相识,让这只小陶狗毫无违和地穿越到了现代?

仅仅是因为"怂"吗?不!那是一个时代的艺术气息——那样的质朴、纯真,如初生儿般的赤子之心,像极了现代人的宠物狗,在温室里长大,一派岁月静好,与世无争。

看看图2中的这只笑得天真烂漫的汉代红釉陶狗，你会被它感染，不自觉地嘴角上扬，心里先开出花来。这只笑得犬牙尽露的狗狗，一张大嘴，脸都快容不下了，这样没心没肺地活着，多好。

图2　汉代　红釉卧姿陶狗　河南博物院　藏

还有图3中的这只，一脸谄媚，丢掉了整个狗界的尊严。两千多年了，再难拾起。若论谄媚相，它当坐第一把狗椅。而且，仔细观察，怎么看它都像是今天"京巴"的直系先祖。

图3 汉代 红釉卧姿陶狗 河南博物院 藏

其实,汉代这种狗的用途,已不再是狩猎,而是看家护院,和如今很多地方农村养的"四眼"土狗一样。所以,当我们看到两千多年前一样的看家狗时,会有莫名的亲切感。

大汉时期，养狗主要是为了守门，尤其是守粮仓。彼时的汉代，农耕经济迅猛发展，出现了很多真正意义上的"大户人家"。不是"地主家也没有余粮啊"，而是地主家余粮很多。这些余粮放入粮仓，而狗狗，就是粮仓的"门将"（见图4）。

图4　东汉　七层连阁彩绘陶楼　河南博物院　藏

只是,这只绿釉陶狗看起来实在是太怂了,不像是看门的,倒像是给贼开门的。这狗莫不是吃谷子长大,佛系了?

汉代人坚信"事死如事生"的观念,流行厚葬。这种釉陶器是陪葬的冥器。所谓"冥器",顾名思义,是阴间用器,但因为文化避讳,我们也称这一类器物为"明器"——"神明之器"。

人类早期驯养的"六畜",除了狗,其他"五畜"——猪、鸡、牛、羊、马也都大量出现在明器里,尤其是猪和羊,更是成群结队地出现(见图5)。

图5 汉代 绿釉陶羊圈 河南博物院 藏

汉代人相信，人死之后，会到另一个世界。而在另一个世界，富贵之家依然想享受这不尽的荣华。所以，他们会把人世间的一切享用，以各种方式带入另一个世界，釉陶器就是其中一种。

汉代又"独尊儒术"，儒学昌盛，儒家强调的"重孝"观念盛行。"孝"的体现之一，就是厚葬——为长辈陪葬丰富的器物。在这种"孝"文化里，也有表现与攀比的成分在。就像今天有些不肖子孙，父母生前不尽孝，死后却要举行风光大葬。汉代这种厚葬的习俗，让这一时期的墓葬，成为盗墓者的首选。

人们常说的古代墓葬"十墓九空"，其实并不能完全归罪于现代人。中国的盗墓，历史悠久，以至于出现"摸金校尉"这一专有名称。

历史上被传得最有名的"摸金校尉"，当属曹操。挖别人祖坟，这事说起来不好听，但这么做的，绝不止曹操一人。

过去大规模盗墓，基本上是军队所为，主要目的是筹措军饷。我们知道，打仗是很烧钱的。如果没有固定的财源，各种歪门邪道、剑走偏锋的事情都会发生。

军队去盗大墓，尤其是王室大墓，这种事直到民国还在上演。慈禧太后的墓就是被孙殿英的部队盗掘。慈禧太后死后，身上披金戴银，陪葬也甚丰，疯狂的盗墓者把墓中的金银财宝劫掠一空，以至于被盗抢后的慈禧太后墓"其状甚惨"。

在中国人的传统观念里，挖祖坟是不共戴天的大仇。据说知道消息的溥仪气愤异常，子孙后代还在，这么做实在是欺人太甚。从此，这个仇算是结下了。它的恶果是从溥仪就任"伪满洲国"皇帝时开始显露的。

如果是没被过多盗扰的汉代大墓,它的出土文物数量和质量都非常惊人。以至于一个博物馆,要是没有一座汉代大墓镇馆,都不好意思说自己是大馆。河北有满城汉墓、广东有南越王墓、湖南有马王堆汉墓……

话说湖南长沙的马王堆汉墓,当考古工作者把洛阳铲从土中拔出的瞬间,一股气体顺着探洞喷了出来。有经验的考古队员点燃一根火柴放在洞口,如果气体能燃烧,就意味着墓室内部保存完好。

汉代大墓通常会有大量的动物陪葬品,腐烂变质后产生有机气体。在采用青膏泥、木炭等一系列密封措施后,如果墓葬保存得好,这些气体就会一直封存在墓室中。当探洞打到墓室,由于内外的气压差,就会有气体喷出。

在日常生活中,谁要是走了狗屎运,我们常会说这个人"祖坟冒青烟了",这还真不是随便说说。祖上只有足够牛,才能风光大葬,也才有可能真的像马王堆汉墓一样,冒出青烟。

新千年之后,江西发现汉代海昏侯墓,让它一下子底气十足,在众多博物馆中,再也不是"泯然众馆"的存在了。史书上记载的这个当了27天皇帝,干了1127件荒唐事的海昏侯刘贺,这次终于"着调"了一把。

图1中的那件呆萌呆萌的汉代绿釉陶狗,是在河南出土。它怂怂的样子,不知道能否看家护院,也不知道能否守住粮仓?唯一确定的是,这个墓,它没有守住,它微微向下的嘴角,仿佛在说:宝宝不高兴,宝宝心里苦。

叫醒
文物里的神兽

脚踏实地，我最牛！

# 牛篇

牛篇

脚踏实地,我最牛!

但它就是那样威风凛凛地站在你面前,骄傲地向世人宣告:我就是我,不一样的牛哥。

东晋瓯窑青瓷牛形灯,没有节能环保的高科技,没有通体鎏金的富贵逼人,也没有吉祥美好的寓意,但它就是那样威风凛凛地站在你面前,骄傲地向世人宣告:我就是我,不一样的牛哥(见图1)。

图1 东晋 瓯窑青瓷牛形灯 浙江省博物馆 藏

这款点褐彩牛形灯盏，匠师不满足于纯功能的设计，而是另辟蹊径，在直筒形的灯柱上，塑造出牛的造型。只见这头牛后腿蹲马步，前腿叉腰站立，牛头前伸，气势汹汹。褐彩点在牛的嘴鼻和眼睛上，恰到好处，让这头牛立马神气活现起来。

历史总有许多有趣的巧合。这个牛灯造型，完美地诠释了什么叫作"牛"——我就是！不知一千多年前的工匠，如果能穿越到现在，是否会低头会心一笑？

我们有幸看到这个穿越千年时空，叉着腰趾高气扬地向我们走来的牛哥，不由得伸出拇指，由衷赞道：牛哥，你真牛！

东晋牛形灯盏照亮了一千多年前的暗夜，也让我们借由这一点微光，看到东晋陶瓷艺术的辉煌以及匠人的巧思。

在千年前的瓯窑，一个陶瓷匠师正在聚精会神、天马行空地创作，他沉浸在自己的世界里——那一刻，他一定是快乐的、自足的。

公元1560年，瑞士钟表匠布克在游览金字塔后断言："金字塔的建造者，绝不会是奴隶，定是一批欢快的自由人。"当时的人们，把他的断言当作笑料。毕竟，著名历史学家希罗多德已在他的名著《历史》中写道："金字塔由30万奴隶建造。"

400多年后，通过考古发掘论证，埃及最高文物委员会宣布：金字塔是由当地具有自由身份的农民和手工业者建造。

同样，这件瓯窑牛形灯，这样伟大的艺术品，一定是出自一个自由的灵魂。在这样灵动的、充满创意的作品前，我们能说什么呢？除了默默地举起拇指——牛！

以牛为造型的器物，让人过目难忘的，还有陕西历史博物馆的西周青铜牛尊（见图2）。青铜器尊是用来盛酒的，一般有两种造型：一种为敞口瓶型，一种为动物型。以动物为型的，通常较小，有盖，造型生动活泼。

图2　西周　青铜牛尊　陕西历史博物馆　藏

这件青铜牛尊，与其他动物造型的尊有一点不同，那就是它的流。这件牛尊，牛是伸着舌头的，是牛在调皮吗？我们不知道，但它伸舌，却有明确用途——倒酒时的流，类似我们今天的壶嘴。

用这样的牛尊倒酒，酒就不会洒出来。虽不是令人叹为观止的创意，却也让人拍手叫绝，这可是近三千年前匠人的作品啊！在那个凝视的瞬间，我与古人，默然相认。他们不再是遥远的陌生的存在，而是一个个让我肃然起敬的艺术家。

在云南省博物馆，有一件镇馆之宝，是战国时期的牛虎铜案（见图3）。铜案是用来放献祭牛牲的，有点类似我们今天祭祖的供桌。这件牛虎铜案是虎食牛的造型，虎捕食的瞬间，充满冲突、暴力、紧张，极具艺术张力。

图3 战国 牛虎铜案 云南省博物馆 藏

只见老虎死死咬住牛的尾部,后腿用力,肌肉线条紧绷,充满了视觉冲击。可是,这并不是这件作品最精彩的地方,整件作品最打动人的,是牛的呈现。

原本,自然界的野牛也是充满蛮力的。凭着一身力气,两只利角,牛从不会束手就擒,而是拼死抵抗,甚至侥幸逃脱。可这只健壮的大牛,并没有激烈地反抗,而是逆来顺受、默默隐忍。这样反常的举动,让人心生疑惑。

仔细观察,原来牛虎铜案下面还有一只小牛。大牛的沉默隐忍,只是为了保护幼崽。一瞬间,心底某个柔软的角落被击中,就在博物馆的展柜前,泪水呼啸而出。我快步走开,在无人的角落,慢慢平复内心的波澜。

可怜天下父母心。普天下的父母,在生死之间,都会把生的机会留给孩子吧。这头向死而生的牛,如同普天下的父母——"我愿意为你,付出我所有,失去世界也不可惜。"

在虎与牛暴力冲突的瞬间,在残酷的画面里,这柔软的情感击碎了世间所有的坚硬。四季轮转,生命延续,是爱,让一切生生不息。

在这样伟大的艺术作品前,思考生命与死亡,爱与永恒。两千多年过去了,这样的思考仍在继续,那些感动也仍将继续。每一个柔软而深刻的灵魂,都将在自己的泪水里,照见永恒。

随着农耕社会的发展,耕作水平的提高,牛的作用也慢慢发生了改变。犁的出现,让牛成为种地的好帮手。从此,牛不再是野性的存

在，而是以"俯首甘为孺子牛"的形象流传至今。

在古代，因为用牛耕地，牛是很重要的生产资料，人们不能宰杀牛，也很少能吃到牛肉。汉朝有法令："王法禁杀牛，犯禁杀之者诛。"《田律》中规定："杀伤马牛，与盗同法。"也就是说，不仅故意宰杀牛马有罪，无意中伤害也会受到处罚。不知道，这是不是最早的动物保护法？

在敦煌莫高窟第445窟的唐代壁画中，有牛耕图。难得的是，从画面上可以清晰地看到曲辕犁。犁从直辕犁变为曲辕犁，是农业科技进步的标志之一。唐代陆龟蒙在《耒耜经》中记载了曲辕犁，只是，由于当时的犁皆为木作，不易保存，并没有实物留下，敦煌壁画弥补了这个空白。

牛有很多面，神气的、调皮的、隐忍的、能干的……如同人一样，千牛千面，哪一个，让你在时光的尘烟里，久久驻足……

# 叫醒文物里的神兽

这么炯炯有神的大眼睛，瞪你咋啦？

# 象篇

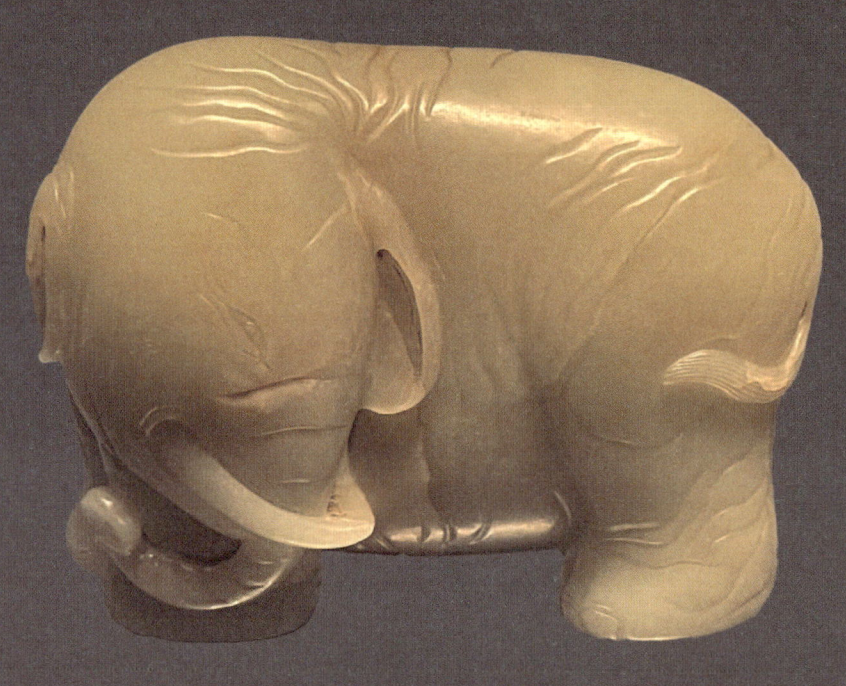

象篇

这么炯炯有神的大眼睛,瞪你咋啦?

想到这一切,青铜簋上的大象得意极了,呲着两根大牙,仿佛在说:来吧,吃好喝好,走您!

见过这样的象吗?极简却又极传神——只通过一双眼,便让人过目难忘。这,就是伟大的艺术!

这件西周早期青铜鬲,叫"戈父工鬲"(见图1),名字来自鬲腹内壁铭文"戈父工",出土于燕都(今北京房山区琉璃河)。鬲是炊煮器,老北京人想要喝个小米粥,就全靠它了。

图1 西周 青铜戈父工鬲 首都博物馆 藏

鬲的三个袋状足与器身相通，底部架火，袋状足可以增加受热面积，起到快速加热、节能降耗的作用。鬲的造型与原理，简直就是当年的黑科技啊。穿越回来，赶上今天节能降耗的热点，一样引领时代。怪不得象眼瞪得那么大，这就是传说中的"洞见"吗？

这件鬲的三个袋状足做成了三只象首的样子——象的大头作为袋状足的袋部，长鼻正好作为袋状足的底部。器形、仿生、功能三者完美结合，这样精妙的构思，让人不由得感叹：过去的小米粥得多有营养，才能滋养出这样的创意无限！

三个象首上没做过多的装饰，只各加了一双眼睛，把极简做到极致，充分演示了一回什么叫作"少即是多"。这三只象，因为瞪大的双眼而生动起来，让三足充满了力量，威风又霸气。这么现代的美学理念、前卫的环保理念，让我不由遐想：古老器物上的大象，是在用它沉默却洞悉一切的智慧，来向我们讲述遥远时代的故事吗？

浅浮雕与造型的完美结合，塑造了两千多年前的一件青铜艺术精品。这样极简又有力的表达、这样功能与仿生的高度重合、这样的构思与工艺，让我大受震撼。致敬，那些没有留下姓名的古代燕国工匠，谢谢你们让我隔着两千多年的历史长河，依旧被感动、被折服。

燕国的青铜器，不知为何，很喜欢用大象的题材。浮雕、圆雕，局部、整体，象的形象一再出现。

图2中这件西周早期的燕国青铜簋,叫"伯"簋,名字来源于器盖内与腹内底相同的铭文"伯作乙公尊"簋。从拓片上,看到这六字金文,不禁感慨汉字的伟大——近三千年前的汉字,传承流转有序,居然还能认出个大概。

图2 西周 青铜伯簋 首都博物馆 藏

"伯"簋双耳作鸟形,以四个外卷长鼻象首为足,盖与器身装饰四组象纹。象纹以扉棱为象鼻,云雷地纹加上象形主纹,精美华丽。

同样出土于燕都的"伯"簋，不同于"戈父公"鬲的简约，它走的是奢华风，每一处细节，都极尽繁缛、精细。象首足上，瞪大的双眼、外翻的双耳、微微上翘的嘴、凸起的两颗大长牙，都生动形象地刻画出来。四个外卷的象鼻，构成足部稳定的支撑。

"伯"簋造型与纹饰相得益彰，华美而不失庄重，同样是燕国青铜器的代表作。两件青铜器，两种极致的表达方式，不管是极简还是极繁，都同样达到了艺术表现力的巅峰。伟大的艺术，殊途同归。

古代青铜簋是盛食器，用来盛装煮熟的谷物，同时，也和鼎共同构成配套礼器（见图3）。周朝时，鼎簋的使用，有严格规定，按照奇偶数的方式组合。周礼规定，天子祭祀用九鼎八簋；诸侯用七鼎六簋；卿大夫用五鼎四簋；士用三鼎二簋。如果违反规定，叫僭越，在古代，是大逆不道之罪。

图3　春秋　列鼎列簋　梁带村芮国遗址博物馆　藏

北京有条著名的"簋街"，用的就是这个"簋"字。簋街上饭店居多，以盛食器"簋"来命名，又贴切又有文化内涵，真是一举两得。

但其实，这条街最初叫"鬼街"——历史上形容夜市为"鬼市"，称夜里走街串巷叫卖的小吃为"鬼食"，在"鬼市"上卖"鬼食"，这是"鬼街"的由来。可能是嫌名字太吓人，后来才改成了这么一个有历史、有文化内涵的名字。这样一改，马上高端大气上档次，整条街生意想不好都难。

许是受了"簋街"的启发，合肥人民到自己的博物馆里翻翻找找、寻寻觅觅，终于找出了足够有代表性的青铜器——安徽蚌埠双墩一号墓出土的春秋龙耳铜罍（见图4），好了，就你上！罍是盛酒器，也和餐饮

图4　春秋　龙耳铜罍　安徽博物院复制

相关。于是，在合肥的地界上，多了一条"罍街"；在合肥的餐饮市场上，多了一片繁华。

青铜罍怎么也没想到，自己还能为两千多年后的街道名称提供创意，并为餐饮市场的繁荣贡献一份力量。

想到这一切，青铜罍上的大象得意极了，呲着两根大牙，仿佛在说：来吧，吃好喝好，走您！

叫醒
文物里的神兽

金代的鲤鱼为什么那么肥?

# 鱼篇

鱼篇

金代的鲤鱼为什么那么肥？

隔着近千年的风烟，注视着它们古老却生动的纹饰，怀想一个时代、一个民族——那些遥远的故事，忽然就有了温度。

爱美是人的天性，今天的我们会自拍、会美颜、会发圈，自恋得仿佛女人都是闭月羞花的容颜，男人都是侧帽风流的姿容。那么，问题来了，古人是怎么看到自己的盛世美颜，惊得倒吸一口凉气的呢？

在镜子出现之前，古人只能对着水中的自己出神。貌美如希腊神话中的纳西索斯，看着水中的自己，如花少年陷入了对自己的迷恋，久久不肯离去，兀自枯萎在水边。后来，在他逝去的地方，开出一朵美丽的花，人们用少年的名字命名它——水仙花。水仙花的英文为Narcissus（纳西索斯），从此，水仙花也成了自恋的指代。

中国的古人也曾经以水为镜，只是在湖边顾影自怜，路太长，心太累。于是，古人慢慢发展为用陶器盛水照面，这就是我们今天的汉字"监"。今天"监"字还有"照看"的意思，如"监考"的"监"。到了青铜时代，人们把水盛在铜器里照面，这种盛水的铜器，叫作"鉴"。从"监"到"鉴"，可以看出从陶盆到青铜器的演变。古人对着家里的一盆水，随时随地自恋一下，毕竟"天生丽质难自弃"。

古代的青铜鉴最初是用来照面的，也就是古代的镜子（见图1）。唐太宗李世民曾说过一段著名的话："以铜为鉴，可正衣冠；以古为鉴，可知兴替；以人为鉴，可明得失。朕尝保此三鉴，内防已过。今魏徵逝，一鉴亡矣。"这里的鉴，取的就是"镜子"之意。北宋司马光的《资治通鉴》、清代曹雪芹的名著《红楼梦》的另一个名字——《风月宝鉴》，其中的"鉴"都是取此意。

虽说不用再跑到湖边去照面，但对着一大盆水梳妆打扮，毕竟还是有些不方便。更何况，这影影绰绰的效果，也对不起古代美女那闭月羞花、沉鱼落雁的容颜啊。于是，铜镜应运而生。

最早的铜镜，是甘肃省齐家文化的青铜镜，距今有四千年左右的历史（见图2）。那时的铜镜，还很简陋。到了战国时期，铜镜就已经发展出各种新式样了，有镶金嵌玉的、有彩绘的、有错金银的、有透雕合铸的……铜镜一路发展，变得越来越丰富多彩。从铜镜背后的图案，我们可以了解当时的社会，彼时的文化、政治、经济、审美、日常生活等。铜镜虽小，却在方寸之间，映照出一个无限大的世界。那些社会细密的肌理、隐秘的心理，都在铜镜上一览无余。

图1　春秋　"吴王光"青铜鉴　中国国家博物馆　藏

图2　新石器时代　齐家文化青铜镜　临夏州博物馆　藏

金代的铜镜,像豪爽的女真人一样,讲究一个大。北方少数民族的审美,偏向强烈。那些小巧细致的东西,仿佛禁不住他们的用力一握。

图3 金代 海水双鱼纹铜镜 中国国家博物馆 藏

国内最大的古代青铜镜——金代双鱼青铜镜,静卧在中国国家博物馆的展台里,看馆中人来人往,照见人,也照见历史(见图3)。

鱼的题材,女真人喜欢,汉人也喜欢。在汉文化里,"鱼"取其谐音"余",代表了富足、充裕。谁不喜欢富裕呢?尤其是在古代物质生活相对匮乏的时候。于是,大量"鱼"题材的图案出现。直到今天,过年的年夜饭上,也一定要有鱼,这代表了人们对美好生活的向往。

只是,金人的"鱼"文化,和汉文化有所不同。在我们的传统印象中,女真人是北方游牧民族,其实不然,女真人是渔猎民族。过去东北的老林子,并不适合放牧。女真人生活的森林也叫"黑森林"——因为林木高大,密不透光。林间水边,捕鱼是他们的日常。鱼在女真人的生活中,扮演了非常重要的角色。我们吃鱼只是生活的调剂,女真人吃鱼,那可是当主食啊。

早在新石器时期,这片土地上的人们,就开始了渔猎生活。位于黑龙江省东部的兴凯湖畔,距今约六千年的新开流文化,考古发掘出十座鱼窖。

在寒冷的冬季,人们把大量的鱼存储在鱼窖里面。那时,鱼肉与鱼油是他们冬季所需蛋白质与能量的重要来源。根据文化人类学的研究,那个时候,人们更多是生食鱼肉,不同于今天的刺身,他们把冻成棒子一样的大鱼立起来,像刨冰一样快速刨出薄鱼片,蘸点调料即食。这样的吃法,很生猛,也很东北。

我们今天还能见到东北地区的冬捕,著名的如查干湖冬捕、兴凯湖冬捕,出网的时候,场面那叫一个壮观——数万斤鲜鱼脱水而出,跃起在空中,又瞬间冻成冰雕,落下来,成就美味的铁锅炖大鱼。

不只吃鱼,这片土地上的先民还穿鱼皮衣(见图4)。衣与食,生活中最重要的两件事,都离不开鱼。话说这鱼皮衣,是不是能防水啊?想起了2008年北京奥运会,菲尔普斯穿"鲨鱼皮"泳衣,一人

图4 鱼皮衣(博物馆复原)

狂揽8枚金牌,这是在向古人的鱼皮衣致敬吗?菲尔普斯的成绩,不知是否有鱼皮泳衣的功劳,反正从那以后,国际泳联明令禁止高科技泳衣,"鲨鱼皮"泳衣正式退出历史舞台。

都说艺术来源于生活,女真人的生活和鱼密不可分。在他们的铜镜上,鱼也成了最常出现的题材(见图5)。用鲤鱼的造型有两个美好的寓意:一是因为鲤鱼繁殖能力强,取多子多孙多福之意。同样的寓意,汉文化也用青蛙、石榴等来表达。二是鲤鱼跃龙门,希望成为人中龙凤。女真人把对生活的美好向往寄托在这一面小小的铜镜上,每一次举镜展颜,都有光照亮这细碎而平凡的生活。

图5 金代 双鱼纹铜镜 辽宁省博物馆 藏

深受汉文化影响的女真人，也开始学习儒家经典，接受汉文化传统，鲤鱼跃龙门即为其一。金代铜镜还有吴牛喘月、许由巢父、柳毅传书等很多汉文化题材的作品。

说起鲤鱼跃龙门，想起民国时上海滩青帮头子杜月笙的一段逸闻。据说杜月笙成名后，也想挤入上流社会，对自己要求极苛。他的手臂上留有早年混社会的痕迹——刺青，后来在参加大型活动时，不管多热的天，他都着长衫，以遮住刺青。他说："你们是鲤鱼跃龙门，而我是泥鳅，要变成鲤鱼，还要再修行五百年。"

金代铜镜上的鲤鱼图案饱满、立体，质朴又充满力量，像极了女真人的豪迈（见图6）。这种饱满、立体的雕刻具有很强的视觉冲击力，对于长年生活在高山密林的女真人来说，强烈，才符合他们的审美。

图6　金代　双鱼纹铜镜　辽宁省博物馆　藏

东北漫长的冬季,单调的色彩,女真人需要一些鲜亮的颜色,来刺激那因为单一而有些麻木的神经;同时,他们也需要强烈的视觉冲击,让粗糙的生活从此鲜亮起来。

在江南深深浅浅的绿意里、在四季的花开浓淡中,那种细腻而精致的审美得以养成。与金同时代的南宋,也有鱼纹青铜镜,只是那上面的鱼,纤细灵动了许多,就像一幅宋画,悠闲雅致(见图7)。

图7 宋代 带柄双鱼铜镜 上海博物馆 藏

最有趣的是明代铜镜上的鱼,朱元璋虽然没什么文化,但是不妨碍他追求文化。他强烈地反抗元朝,文化上接续大宋。所以,明代铜镜上的鱼,和宋代的鱼如出一辙,像极了相亲相爱的一家人(见图8)。

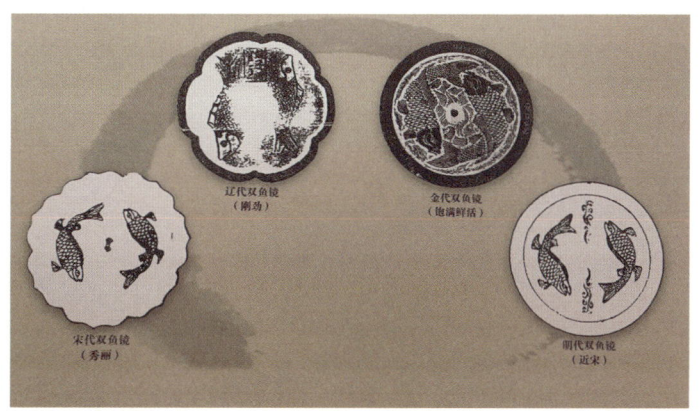

图8 金、宋、明铜镜对比图（博物馆资料图片）

回看金代铜镜上那两条肥硕的鲤鱼（见图9），不知它们的主人是否跃过了龙门？是否子孙兴旺？隔着近千年的风烟，注视着它们古老却生动的纹饰，怀想一个时代、一个民族——那些遥远的故事，忽然就有了温度。

图9 金代 镜子局铸款双鱼纹铜镜 辽宁省博物馆 藏

叫醒文物里的神兽

熊才不熊呢!

"英雄"归鹰,我只管熊!

熊篇

熊篇

# 熊才不熊呢！

它囚居的日子，卑微的生活，一眼望不到头的苦难……这揉皱的一生啊，只等大火一场。

图1中的这件北宋磁州窑的瓷枕，画面简洁。只是，画的是什么，有点难以确认。讲座的时候我问："这是什么动物？"大家回答最多的，居然是老鼠，不知道是不是《猫和老鼠》看多了。

图1　北宋　磁州窑白地剔黑熊纹枕（博物馆资料图片）

其实，这是一头黑熊。而且，它不是普通的黑熊，它的旁边还有一根木桩，黑熊用链子拴在木桩上，实际上，这是马戏团的黑熊。

马戏的历史很久远,早在汉代,就已流行。汉代马戏有演员的杂技表演,也有驯兽表演。演员倒立(见图2)、顶杆等,和今天杂技是一脉相承的;而驯兽表演,则更接近今天的动物演出。

图2 汉代 灰陶尊上倒立俑 河南博物院 藏

宋代的马戏也很发达，宋代市民社会，各种娱乐都很繁盛。

宋代的蹴鞠也很流行。蹴鞠，就是中国古代的足球，蹴鞠在宋代是一项全民运动。从图3中的这件北宋蹴鞠瓷枕可以看出，宋代足球已经从娃娃抓起了。而且，宋代足球踢得好还可以当大官呢，此处请参考北宋太尉高俅的发迹史。

图3　宋代　白地黑花蹴鞠瓷枕　河南博物馆　藏

最初，人们以为宋代瓷枕是陪葬器，活人用，可能不太舒适。但其实，这种瓷枕是当时的日用品。总有人说，这样的瓷枕不硬吗？可这样的瓷枕也凉快呀，上面铺个小垫，枕起来不香吗？作为消夏必备单品，这样的瓷枕，你值得拥有。

北宋的时候,瓷枕多为磁州窑生产。因为胎土质地不够好,匠人们创造性地在胎土上再涂一层白色的化妆土。"化妆土"这个词,说得很形象生动,就像今天的女人化妆打粉底,给胎土也涂个大白脸。之后,就可以在上面写字作画了(见图4)。

图4 宋代 白地黑花荷鸭纹瓷枕 河南博物院藏

磁州窑的产品,模仿了白纸黑字的纸书作品,因为没有宣纸的晕染效果,墨色没有层次,结果白与黑的对比太过强烈,不符合当时的文人审美,所以上层社会用得并不多。

以前,专家对磁州窑的理解不够深入。对宋代贵族墓葬的考古发掘，发现磁州窑产品并不多，所以，以为产量不高。直到磁州窑窑址考古发掘，人们才发现，原来有井水处皆有磁州窑产品，它是真正在广大人民群众中流通的生活用品。

到了南宋，瓷枕变成了景德镇的影青瓷。李清照在《醉花阴·薄雾浓云愁永昼》中写道："玉枕纱厨，半夜凉初透。"这个玉枕，并不是真的玉石枕，而是影青瓷枕。因为影青瓷的颜色类玉，景德镇又属饶州，所以影青瓷也叫"饶玉"。

宋代瓷枕上的熊，像米老鼠。而汉代的熊，像卡通片里坏坏的熊外婆。不知为何，熊的形象，总是能穿越时空，与我们默然相认。

江西南昌西汉海昏侯墓出土的玉熊（见图5），形象实在是太现代了。如果不是考古发掘出来，真是难以置信。尤其是熊的三颗大牙，有种怪异的坏坏的味道，却又十分可爱。

图5 汉代神兽玉佩（博物馆资料图片）

外公在世时，常给我们讲起东北老林子里的故事。他说，在过去东北的原始森林，人们都叫棕熊为"熊瞎子"。熊瞎子是个大块头，走起路来同手同脚，看着憨憨的，但大家千万别被它的外表迷惑了，这是个厉害的主。至于它为什么这么凶猛，也不能全怪它，不是还有一个彪乎乎的东北虎邻居吗。

熊一般不和东北虎争食，"百兽之王"的面子还是要给的，它通常采取下三滥的做法。东北虎会把吃不完的食物掩埋起来，熊瞎子这时一点也不瞎了，通常是虎哥前脚埋，它后脚挖，而且食量又大，吃得骨头渣都不剩。一直吃到虎哥开始怀疑人生——我到底是埋过了，还是埋过了？

有时母虎带着幼崽，这更是熊瞎子耍流氓的大好时机。它会跟着捕食的母虎，等母虎捕完猎物，它就大摇大摆地跑过去抢食，母虎顾虑幼崽安危，通常会含恨离去。连孤儿寡母都欺负，这"熊品"实在是不怎么样！

不过，熊是杂食性动物，它最爱吃的就是浆果了。听外公说，有时熊吃多了熟透的浆果，会醉酒，走起路来摇摇摆摆，一路耍酒疯，能把小树拍断，这"酒品"也不怎么样！

据说熊还特别爱吃蜂蜜。外公说，熊实在馋得厉害了，会跑到野蜂巢边，一掌把蜂巢拍碎，然后不管三七二十一，捧起蜂蜜就吃。当然，蜜蜂也不是好惹的，对这个入侵的庞然大物，它们成群结队发起攻击，蜇得熊瞎子实在受不了了，一跑了之。

外公讲这个故事的时候，我脑补出一头大棕熊，捂着被蜇肿的大头，一路狂奔的画面。我们常说吃货，感觉这货才是货真价实的吃货啊。怪不得叫熊瞎子，莫不是被蜇瞎了？

熊是杂食性动物，它的食谱很杂，植物性食物占主导。它吃浆果、根茎、种子、坚果，也吃鱼吃肉，还能吃腐肉。一般的杂食性动物，肠胃的适应性都更强，也更容易在野外生存。所以，东北的老林子里，剽悍的"百兽之王"东北虎已难觅影踪，但棕熊依然顽强地活在祖先的森林里。

相比起东北老林子里的棕熊，北美阿拉斯加的棕熊就幸福多了。它们有每年一次的捕食狂欢节——鲑鱼盛宴。

鲑鱼在陆地溪流出生，然后沿溪流去向大海，四年之后，鲑鱼成熟，又会洄游到出生地产卵。数不清的鲑鱼，千里迢迢而来，仿佛是给棕熊献祭。棕熊通常只需要在河道中找个好位置，站稳，张开嘴，等着鲑鱼自投罗网，那真是得来全不费工夫的豪华大餐啊。

鲑鱼太多的时候，棕熊变得挑剔起来，它们只挑最有营养、能量最高的内脏吃，其余的，丢弃在岸边。这时候，是鸟儿们最开心的时候，免费的午餐，那就不客气了，鸟会把鱼肉捉食殆尽。

熊是杂食性动物，肠胃比较发达。它们的肠胃，早已适应了海洋生物鲑鱼体内的细菌。所以，当它们大快朵颐的时候，林中的狼，流下了羡慕的哈喇子。

虽然不能吃鱼肉，但狼也不是吃素的，总要分一杯羹，它们会把

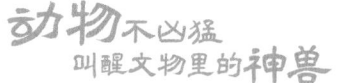

鸟吃剩下的富含脂肪的鱼皮吃掉。最后剩下的一些残渣，变成养料滋养这片林地。

悲催的鲑鱼，如果能侥幸逃过这一劫，它们会回到曾经熟悉的溪流产卵。产完卵的鲑鱼，像是完成了一场宿命的轮回，它会因消耗殆尽而死去，而它的身体会成为新生儿的养料。多么悲壮的生生不息啊，这样生命的传承，让人心生悲怜，也让人肃然起敬。

鲑鱼、棕熊、鸟、狼、森林，它们都遵循千百年来的相处之道——万物共存、循环往复、生生不息，这就是自然的力量。

回看北宋瓷枕上那头拴着的小黑熊，失去了自由，也失去了快乐，用各种言不由衷的表演取悦观众，换取一口吃食。它囚居的日子，卑微的生活，一眼望不到头的苦难……这揉皱的一生啊，只等大火一场。

隔着近千年的风烟，注视着它，我心中尘埃四起，眼泪静静地流下来。我知道，往后余生，我都不会看任何动物表演，只为，此心微安。

熊篇

「英雄」归鹰，我只管熊！

在野外遇到熊，正确的做法是，直视熊的眼睛，这样，至少死得像个『英雄』。

图1这件清代的白玉鹰熊，因鹰与英、熊与雄谐音，故借喻"英雄"人物，表达赞美。

图1　清代　白玉鹰熊　首都博物馆　藏

只是，合为"英雄"，这清代的工匠也太"双标"了吧——鹰高高在上，踩着熊的背，啄着熊的头，又威猛、又凶狠；再看熊，被鹰踩在脚下做垂死挣扎状，四肢伏地，嘴张着，仿佛在喘着粗气求饶，哪还有一点英雄气？

估计熊本尊看见了，会气得站起来，双掌捶胸，对着工匠嗷嗷叫：贬低熊来抬高鹰，有本事你让鹰自己来扮"英雄"啊？

这工匠确实有点不地道，鹰熊合为"英雄"，结果鹰是真"英武"，熊是真"狗熊"。

那么，熊是怎样一步步沦落到这般境地的呢？话说汉代的熊，还真没这么落魄。这件南昌海昏侯墓出土的汉代白玉熊，古灵精怪，意外撞脸今天的卡通熊。

图2这只神气活现的熊，一只手放在耳边，仿佛在说：夸我什么，大点声！而整件作品最出彩的地方就是熊牙，居然不是对称的两颗，而是三只大牙，呲开了，又可爱又顽皮。让人忍不住在心里一遍遍地说：爱了爱了。

图2　汉代神兽玉佩（博物馆资料图片）

汉代的熊，不但造型可爱，寓意也好。在这件汉代白玉虎熊纹饰版上，虎因为动作迅猛代表着速度，熊因为体壮多力代表着力量，虎熊一起，代表着速度与力量，它们共同发挥着驱邪致祥的神奇魔力（见图3）。

图3　汉代　白玉虎熊纹饰版　首都博物馆　藏

这件玉版上的熊，依旧不脱汉代熊的卡通神韵，气势却一点都不输——但见它张牙舞爪，欲与老虎一搏。虽说老虎是兽中之王，但熊也没见怕的，正面硬刚。这就是汉代的熊，可爱也威猛。

到了唐代，"熊"风大变。可爱还在，威猛难寻。图4这件唐代白玉熊，白白胖胖的，憨态可掬。知道的是熊，不知道的还以为是兔子呢。

图4　唐代　白玉熊　首都博物馆　藏

空口无凭，看这件同为唐代的白玉兔，除了头小一点，和熊还真是真假难辨（见图5）。

图5　唐代　白玉兔　首都博物馆　藏

混到了和"兔"真假难辨的地步，不知道唐代的熊如果有知，会作何感想？

但是，这还不是命运的最低谷。看到宋代的熊，也许唐代的熊会在梦里笑醒，然后，含着泪若有所悟：原来"熊生"真的是只有更低，没有最低。

《熊才不熊呢！》图1中那件宋代磁州窑瓷枕上的马戏熊，每次都让大家误以为是老鼠。

天啊，这叫熊情何以堪？以前最多撞脸兔子，现在居然和老鼠傻傻分不清啦？甚至，地位还不如老鼠，老鼠至少还有自由，而这头熊，仔细观察，是用一条细链拴起来的。是的，这是宋代马戏团的熊，是用来表演的。

宋代市井繁荣，市民娱乐生活丰富多彩。今天的很多娱乐活动，在宋代不但有，而且很发达。宋代磁州窑瓷枕上就有大量表现蹴鞠的内容。蹴鞠是宋代人的足球，宋代有男足，有女足，而且，还做到了踢球"从娃娃抓起"。如果那时有世界杯，估计"大力神杯"转来转去，不出中华大地。

图6中这件宋代陶瓷小球，叫捶丸，是今天高尔夫的先祖。捶丸在宋代盛行，男女老少皆玩。

图6 宋代 捶丸 四川博物院 藏

话说宋代真是万民同乐，就连相扑，也有女性参与。而且，宋朝皇上还去市井观看，气得同去的"老正经"欧阳修甩下一句"成何体统"，拂袖而去！

看马戏表演，是宋人众多的娱乐活动中的一项。宋代的熊，无奈成为宋人丰富多彩的娱乐生活的点缀，被驯兽师欺负着，苟且偷生。宋人幸福，"宋熊"悲催。

命运的齿轮继续转动，一晃到了清代。熊和鹰一起，成了"英雄"的代名词。熊终于挺起腰板，站起来，像人一样背着手踱了两步，马上发现，情况不对：说好了的，一起装英雄，怎么就鹰这一只鸟是英雄了，而我，还是熊。

宋代被人欺负，这回倒好，直接被鸟欺负。这"熊"生，何时是个头啊？

看着这只被鹰踩在脚下的熊，我不禁心生怜惜。现实中的熊，不仅力大无比，还会上树游泳，在野外遇到熊，能不能活着回来，全看熊的心情。人要是想爬树逃生，那纯属想多了——粗壮的树，熊一样会爬上去；细小的树，熊懒得爬，直接撞断。

所以，在野外遇到熊，正确的做法是，直视熊的眼睛，这样，至少死得像个"英雄"。

不知是不是因为现实生活中人熊力量的巨大反差，让人把对熊的恐惧以一种另类的方式表达出来。似乎只有这样，人类才能心理平衡一些。

这样想，看着这只被鹰踩在脚下的熊，我又释然了。

叫醒文物里的神兽

生命的终点,他们会抓住什么?

槽边风云

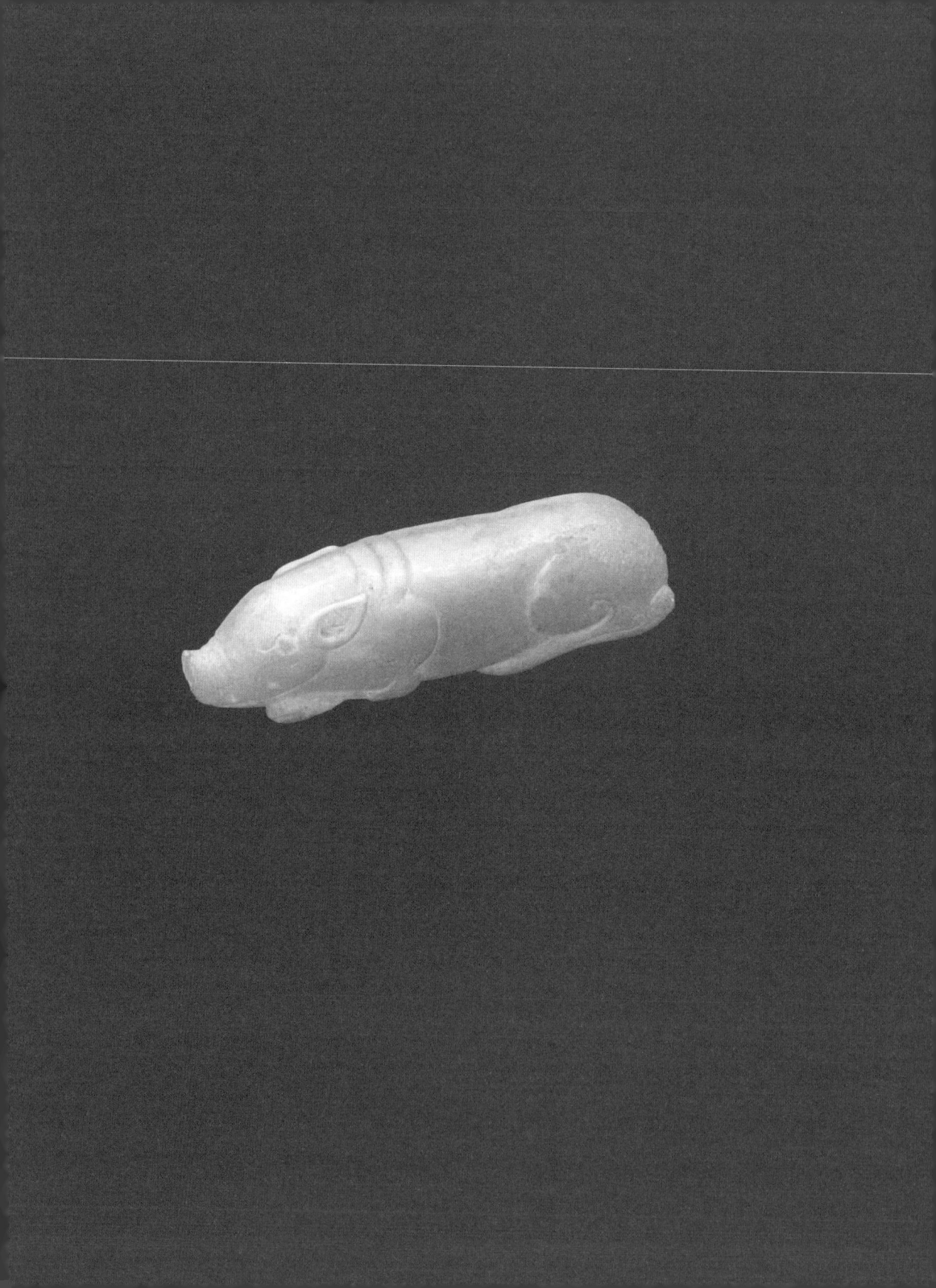

猪篇

生命的终点,他们会抓住什么?

古人走时,不能空手而去,握住代表财富的猪玉握,在另一个世界里,也要享受荣华富贵。

图1中这件汉代青玉猪形玉握,是陪葬用器。古人走时,不能空手而去,握住代表财富的猪玉握,在另一个世界里,也要享受荣华富贵。

图1　汉代　青玉猪形玉握　陕西历史博物馆秦汉馆　藏

汉以前的玉握,并不全是猪形的,也有玉管、玉觿等。到了汉代,才以猪形玉握为主。可能是随着农耕经济的发展,畜牧业的发达,猪的养殖越来越普及,而猪也渐渐成为民间财富的代表。

汉代流行厚葬,这一方面是当时"视死如生"观念的体现;另一方面,也是儒家"孝"文化的体现。人这一生,赤手空拳而来,满握财富而归,总算没白忙活,可以含笑九泉了。

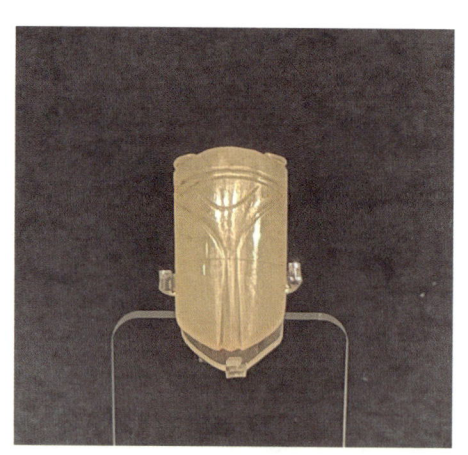

图2　汉代　白玉蝉　天津博物馆　藏

不过,要笑不露齿,否则嘴里的白玉蝉(见图2)会掉。汉代人故去时,除了手中握玉握,嘴里还含着玉琀。汉代玉琀多为蝉的形象，古人注意到蝉的幼虫在地下生活多年才钻出地面蜕变为成虫，汉代人于是用蝉来象征死者灵魂的复活。

人有两只手，所以玉握一般都是一对（见图3）。记得有一次在节目中听收藏大家马未都讲他早年的收藏经历，说看到一只玉猪，品相好，价位也合适，很开心地买下。回来和人显摆，有懂行的人问他：东西是挺好的，另一只呢？

他一下傻了眼，原来，他不知道这是玉握。玉握都是成对的，也只有成对的玉握，才更有收藏价值。他第二天去找卖家，问另一只呢？人家说在啊。他问卖不卖，人家说，卖啊，就是价位不一样了。

估计这价位能让精明的马未都炯炯有神的小眼睛里，挤出泪花。马未都说："当时我不懂，栽了跟头，得认"——"多么痛的领悟啊"！

图3　汉代　猪形玉握　天津博物馆　藏

一次做瓷器讲座，讲到康熙十二月花神杯，给大家看了保利秋拍上一件梅花杯的起拍价。我随口一问："要是全套十二件，价位会怎么样？"下面有人说："那会便宜些吧？买得多呀！"我笑了，你当是买菜呀，多买少算。

成套的文物,价格反而会更贵。因为在历史的流转中、在颠沛流离的岁月里,成套的器物更容易破损、缺失,也更不容易保存完整。

一个在香港的朋友给我看他在拍卖会上拍下的玉剑饰——玉剑首、玉剑格、玉剑璏、玉剑珌一应俱全。我扫了一眼便说道:"不错,整套的。"他脸上浮现出笑容,得意地说了句:"你懂的。"

玉具剑(见图4)剑身上的玉剑格和玉剑首比较容易保存,但剑鞘多为皮革制品,很容易腐烂消失,镶嵌在剑鞘上的玉剑璏和玉剑珌就会落入地下的泥土杂物中。

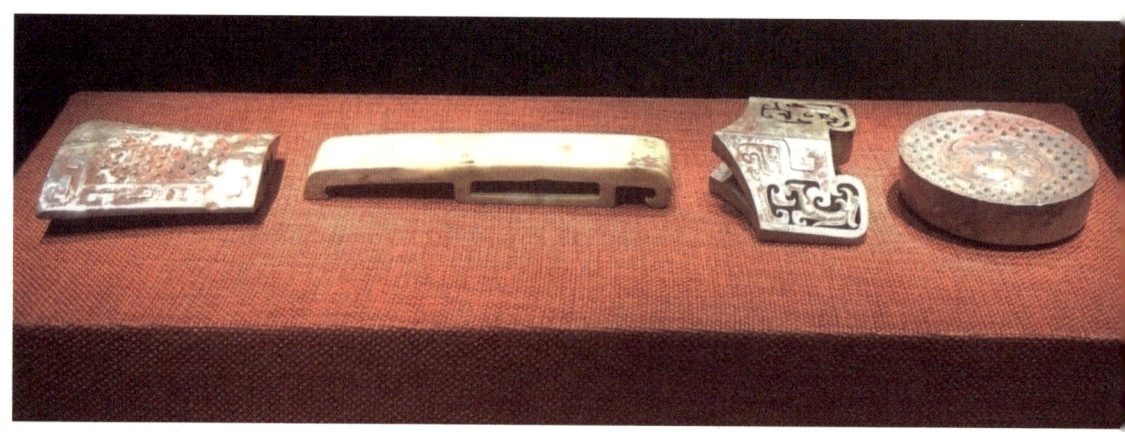

图4 汉代 玉剑具 西汉南越王博物馆 藏

如果是盗墓,在匆忙慌乱中,很可能把剑拿走,而落在泥土杂物中的玉剑璏和玉剑珌就遗落了。所以,历史上成套的玉剑饰一般都是在完整的没有被盗的墓葬中,通过科学考古出土,这样的成套玉剑饰经常会被收入各地博物馆,很少在市面上流通。

猪在汉代成为财富的代表,这种观念后来也在延续,南北朝时期墓葬出土的大量猪形玉握可以证明(见图5)。当时猪形玉握比较普及,如果没有财力制作猪形玉握,会用滑石等代替玉,制作猪形石握。

图5 六朝 猪形玉握一组 南京博物院 藏

今天,我们很少再把猪当成财富的代表,金钱取代了实物的猪。不管是喜事还是丧事,我们习惯于直接送礼包。但在一些偏远的少数民族地区,这种以猪为财礼的方式,还有留存。

"礼失求诸野",这一点,我在贵州朗德上寨的田野调查中得到了印证。那一次,我去寨子里的一个非遗博物馆参观,在路上,忽然听到前面鞭炮齐鸣,夹杂着猪叫声,很是热闹。我以为是餐厅开业,透过人群,看到路上停放的棺木,才明白,原来是办丧事。只见不停有车停下，从车上拉下一头活猪，叫声就是从这里来的。

我感到好奇，转身进了博物馆，向馆里的馆员请教。他告诉我，当地老人过世，老人的女性亲属会带着猪来参加葬礼。老人出殡，全村人一起为他发丧。人们抬着棺木上山，把老人安葬在大山里。

这里的苗人，世世代代居住在大山中，从大山中来，又回到大山中去。和自然融为一体，像是完成了一个轮回。

我想起我住的苗族人家，一起吃晚饭，喝米酒时，他们告诉我，山区地少，他们不是像平原地区那样分田，而是分山。我疑惑道，后面那些我白天爬过的山，都是有主的吗？他们说，是的。可山怎么分呢？我完全没有看出界线。他们说，你看不出来，但他们会认得，一棵树、一块石头，都可能是界标。

他们的生活，是和大山紧密联系在一起的，在和大自然的长期相处中，也许他们更悟得了自然的法则，关于生死，关于轮回。

葬礼结束后，全村人会聚在一起吃饭喝酒，像个节日般，完成这重大的仪式。那些女性亲属比如嫁出去的女儿，她们送来的猪礼，这时候就成了下酒的菜。

博物馆的馆员告诉我，当地的老人，到了一定的年龄，会为自己备下棺木。每年给棺木养护，直到离开的那一天，在这漫长的过程中，直视死亡，也习惯死亡。他们不慌不忙地走向自己最后的归宿，离去的背影，如秋叶之静美。

这种坦然对待生死的态度,让我感动。想起如今很多老人,怕死,也忌讳谈死。在死亡面前,又慌乱,又恐惧,走得那样仓促不堪。

不知道汉代的先人,握紧手中的玉握,怀着对另一个世界的信仰,是否就拥有了面对死亡的勇气与坦然?

想起那句诗:"死去何所道,托体同山阿。"在贵州一个叫朗德上寨的小村落,在那个瞬间,我顿悟了。一个人默默地注视着喧嚣的十字路口,在正午的阳光下,兀自泪流满面。

猪篇

## 槽边风云

人在上面如厕,猪正好在下面加餐。哎呀,那画面太美,我不敢想象……

## 1. 高级猪圈

晋代，世家大族崛起，庄园经济大发展，有些庄园，人口甚至能达到万人之众。王羲之所在的家族——琅琊王氏，就是东晋著名的世家大族。

东晋时，有一句话叫"王与马，共天下"。"马"是指当时的皇帝司马睿，而这个"王"说的就是王氏家族的王导与王敦。兄弟二人，王导主内，王敦主外，朝中官员多为王家或与王家相关的人。能与皇上共天下，可见当时世家大族的地位与影响。

东晋世家大族的壮大，是西晋"永嘉之乱"结的果。"永嘉之乱"导致"衣冠南渡"。逃到南地的北方人，要想在异地生存下来，就要投靠在世家大族的门下，依靠他们的保护，过上虽辛劳但却相对安定的生活。在这种背景下，世家大族越发壮大。

北人南迁，带去了先进的农业生产技术，南方的农耕经济也获得了大发展。随着粮食产量的提高，养殖业也兴盛起来。尤其是养猪业，几乎是大户人家必备，以至于建筑形式都因之改变（见图1）。

图1 晋代 陶猪圈 南京博物院 藏

圈养的猪，住在猪圈里。从陪葬明器上可以看出，猪圈从平房慢慢变成了小高层。在东晋，这种小高层的猪圈比较普及（见图2）。当然，上面那层不是给猪住的，也不是给人住的。毕竟，没有人愿意住在猪圈上面——味太大，这一点，古今皆同。

那个上面的高层，其实是古人的厕所。人在上面如厕，猪正好在下面加餐。哎呀，那画面太美，我不敢想象……

晋代猪圈的这种建筑形式，放在今天可以用一个时尚的词包装——环保，而且还是循环再利用型的环保。如果一定用一个词来形容，那就是——"高级"！这里要温馨提示，千万别自行脑补画面。

图2　晋代　绿釉陶猪圈　南京博物院　藏

## 2. 家猪与野猪

从图3中的这件釉陶猪圈明器可以看出,彼时的家猪,已经驯化得和野猪有很大差别了。

图3 晋代 釉陶猪圈 南京博物院 藏

我们今天的人,很少见到野猪,对野猪的凶猛也知之甚少。但从野猪的形体上,可以略知一二。野猪的肌肉集中在上半部,臀部较小,全身没有多少赘肉。这让野猪奔跑时速度快,进攻时力量强,外加一对獠牙，成就"林中一霸"。

过去在东北的山林，老虎敢称第一，野猪就敢称第二。熊大、熊二虽然个头威猛，但架不住打群架啊。

当年的野猪在山林里可以横着走，民间甚至有一种说法——"一猪二熊三老虎"。当然，这种说法并没有科学依据，但野猪的剽悍由此可见一斑。

除了老虎，野猪把谁都不放在心里。而老虎恰恰相反，最把野猪放在心里——毕竟是它的主食嘛。好在猪的生殖能力强，一窝可以下六七个崽，给老虎吃几顿有什么呢？不耽误咱在山林里作威作福。

过去，东北山林里野猪的数量是比较多的，也因此可以维续东北虎的生存。当野猪数量急剧下降时，东北虎的野外生存就危险了。所以，判断东北的山林里还有没有野生东北虎，野猪的种群数量是一个重要的判断依据。

野猪威猛的身型，上大下小的比例关系，像极了今天练健美的男生——一定要练出"倒三角"。我过去经常运动的学校北区体育馆，一楼是一个开放型的大空间，有健身场所，也有乒乓球场。我偶尔打完球去拉几下器械，看那里的男生，有的居然练得胳膊比腿还粗。我就在想，加一对獠牙，直接把他们送去山林。

野猪慢慢驯养成家猪，体型发生了巨大的变化。从倒三角的上大下小变成了正三角的上小下大。家猪是养来吃肉的，所以，身上的膘越来越多，臀部也越来越大。

从猪的出土文物中，我们也可以看到这个变化的过程。驯化初期，有些家猪还保有野猪的部分特征，比如说猪嘴比较长，猪背上的鬃毛比较浓密，猪的上半部比较强壮等（见图4）。可渐渐地，它们都开始变得圆润、肥头大耳起来，拥有了当时最流行的身材。

图4　汉代　陶猪　陕西历史博物馆秦汉馆　藏

## 3. 士族联姻

随着庄园粮食产量的提高，进而带动养殖业大发展，高度发达的庄园经济让庄园主们可以过上锦衣玉食的富贵生活。

为了保持这样的生活，除了经济实力，还要有政治实力。这些世家大族的子弟多在朝廷为官；同时，他们也通过士族联姻，织就一张庞大的关系网。

王羲之的婚姻就是这种士族联姻的结果。当时东晋重臣郗鉴要为女儿选亲，听说朝中宰相王导家子弟多才俊，就想在门当户对的王家挑选一个，王导也痛快答应了。

选亲的日子到了，王家少年纷纷打扮登场，希望自己可以被选中。只有王羲之，在小院的东床上，敞着肚皮躺着看书，全然不为所动。

如此的与众不同，在魏晋风流时代，未尝不是一种吸引力。这种魅力，可以被包装为"定力"，这在当时，是一种非常珍贵的能力。这种定力表演，玩得最炉火纯青的，当数东晋宰相谢安。

公元383年，前秦苻坚率领着号称百万的大军南下，意在一举攻破东晋，统一天下。当时东晋只有八万兵士，建康上下震恐。只有宰相谢安，镇定自若，沉着应对。

淝水之战，前秦惨败，"风声鹤唳，草木皆兵"的成语由此而来。而东晋却创造了战争史上著名的以少胜多的经典。这一战，堪称改变历史的重要战役。如果前秦胜，就是大一统的中国，再也没有什么南北朝乱成一锅粥的历史了。

当东晋在淝水取得胜利的消息传来时，谢安正在与人下棋。他看完捷报，放在座位旁，不动声色地继续与客人下棋。直到客人走，他才彻底释放内心的狂喜，过门槛时屐齿碰断了都不知。

王羲之与谢安，后来也是常聚同游的好友，不知是不是经常在一起切磋演技。但很明显，谢安"青出于蓝而胜于蓝"。论演技，谢安才是古今第一影帝。

王羲之靠定力取胜，这段美好姻缘也留下了一个成语典故——东床快婿。

魏晋风流时代，活出自我，是最大的风流。王羲之的真我本色，被他的儿子王子猷很好地继承了，甚至更进一步，留下"雪夜访戴"的千古佳话——子猷雪夜想念老友戴逵，乘一叶扁舟，越千重山，兴起而至，兴尽而返，何必见戴？

这样的风雅，属于且只属于魏晋。在中国漫长的历史长河中，魏晋不是盛世，却有独属于它的魅力，那是中国人不多的灵魂解放、活出自我的时代。

## 4. 谢道韫——未若柳絮因风起

龙生九子，各有不同。王羲之共有七个儿子，有王子猷的风雅，也有王凝之的迂腐。偏偏上天乱点鸳鸯谱，才高八斗、气度非凡的谢道韫，得到的是王凝之。

这个配置实在是有点低，害得婚后不久的谢道韫回到娘家，郁郁寡欢。谢安心疼侄女，问她为何不悦？谢道韫吐槽道：不意天壤之中，乃有王郎！这句怒怼用我们今天的话说就是：王凝之这个奇葩，乃渣男之中绝品。

这个绝品渣男，以其"惊天地，泣鬼神"的迂腐，害自己糊里糊涂地丢了性命，不仅如此，还累及子孙，他和谢道韫的孩子也在部下叛乱中全部被杀。

关键时刻，谢道韫率侍女挥剑入敌群，手刃数人，后被俘，坚贞不屈，怒斥叛军。叛将孙恩一时理亏，念其弱女子，将她释放。谢道韫回归故里，从此只醉心诗坛。

想起一句流传甚广的话：本以为婚姻中的他可以遮风挡雨，没想到，婚后的风雨都是他带来的。

这种感觉，想来几百年后的另一大才女李清照最是"心有戚戚"。几乎是同样的故事再现，面对敌军进犯，李清照的夫君赵明诚不是糊涂，而是懦弱，当部下还在拼死抵抗的时候，他早已身手矫健地跳墙逃跑了。

才女李清照把一切看在眼里，写下千古绝唱："生当作人杰，死亦为鬼雄。至今思项羽，不肯过江东。"想来那个瞬间，有什么东西，在她心里慢慢坍塌了。

当人们艳羡李清照与赵明诚的琴瑟和谐时，我总能想起张爱玲说过的："生命是一袭华美的袍，上面爬满了虱子。"

## 5. 一代庸才王凝之

王凝之，王羲之的第二个儿子，因为他的哥哥28岁过世，他成为这个家里事实上的长子。王凝之为何会被东晋名相谢安选中？提起谢安的大名，那可是如雷贯耳，为何会眼拙如此？

当时，王家可供挑选的子弟并不多，王献之还小，有些又已选好了亲家，除了王凝之，还有"雪夜访戴"的五子王徽之（字子猷）。这个有着"林下之风"的子猷，不正是风雅之士谢安的同道中人吗？为何会漏选？

谢安确实"尽得风流"，只是，身份一转换，为自幼疼爱的侄女选夫婿，谢安开始变得极为务实——那个行为旷达（"不着四六"）的子猷，过日子恐怕不行吧！

一念之差，终生错过。

谢道韫一生中的知己正是王子猷。王家人皆擅书，子猷有《新月帖》和《承嫂病不减贴》传世。《承嫂病不减贴》中所说的"嫂"即为谢道韫，嫂子生病，子猷忧虑焦灼。

这样的子猷，还是那个"雪夜访戴"的子猷吗？他的洒脱旷达呢？关心则乱，在自己真正爱慕的人面前，纵是洒脱，也会缴械投降。

谢道韫所托非人，一代才女——"未若柳絮因风起"，空余才情慰寂寥。

公元393年，陶渊明在江州刺史王凝之的手下做祭酒的小官。正是这个庸碌的上司——谢道韫的夫君，让陶渊明厌倦了，也看开了——"归去来兮，田园将芜胡不归？"不如归去，在田园中寻一个理想人生。从此，中国诗坛多了一个"田园诗"派；六百多年过去了，郁郁中的东坡先生，多了一个隔代知己——相互应和。

这个王凝之，以自己的庸碌，成就了多少人的不凡啊！

## 6."侯景之乱"

世家大族日渐没落，只等那最后一击。

公元548年，南朝梁将领侯景以"清君侧"为名，发动叛乱，已经没落的世家大族招来最后致命一击。

原为东魏名将的侯景，叛逃至南梁。侯景曾向梁武帝上表，请求在当时最高贵的王、谢两姓中为其寻一女赐婚。以此来表明自己想融入上流社会，永做梁朝忠臣。结果梁武帝以其门第不够予以拒绝，侯景对此怀恨在心。但侯景不是一个有勇无谋的人，他强压着一腔怒火，默默地寻找时机。

时间到了公元549年，侯景攻占梁朝都城建康（今江苏南京），将笃信佛教的梁武帝活活饿死。对于那些世家大族，侯景更是大开杀戒，他心中的仇恨如火山喷发一般，留下一地荒凉。世家大族，在这把怒火中，只剩几缕轻烟，随风飘散。

"旧时王谢堂前燕，飞入寻常百姓家。"世家大族的时代过去了，他们曾经生机勃勃的庄园经济、丰富多彩的文化生活、洒脱恣意的个性魅力，都已成为历史烟云——"寻常巷陌，人道寄奴曾住"。

# 叫醒文物里的神兽

拒当孔子伴手礼!

雁鱼灯说:要有光!

# 雁篇

雁篇

# 拒当孔子伴手礼！

现在大雁变成了国家二级保护动物，可以自由自在地飞翔了——不必叨芦苇，也拒当伴手礼！它们终于可以长鸣一声：孔子啊，你奈我何！

古人对大雁,有很多美好的想象。不知是不是对吃它的愧疚,古人把一大堆美好的品性往大雁身上加,被道德绑架到高地的大雁都不好意思拒绝了——那就随你们吃吧,我不入地狱谁入地狱!

春秋时期,孔子向老子问礼,风尘仆仆赶去老子所在的都城洛阳。也不能空着手去,带点礼物,这点人情世故,孔子他老人家是懂的。可带什么礼物既不俗气又不失礼?带大雁!

大雁在古代具有特殊的象征意义:雁队飞行时,会形成有规则的队列——年长的在前面,幼小的在后面,这就叫"雁行有序",是礼教的象征。于是,两位先哲的历史性会面,大雁也随之定格在历史的长河中。

汉代"孔子问礼老子"的画像石数量很多,大概有三十多幅,尤以儒家文化的发源地山东为多。图1这件山东博物馆东汉画像石的内容就是孔子带着大雁见老子。画面谦恭、祥和、美好,大雁从孔子的袖口探出头,仿佛在和孔子一起向老子施礼,那充满好奇的大眼睛赤子般纯真。

图1 "孔子问礼老子"画像石拓片(博物馆资料图片)

许是对孔子带来的见面礼很满意，老子毫无保留地向孔子说出一番大道理：你说的礼，发明它的人骨头都已经腐朽了，只有他的言论还在。君子时运来临才会建功立业，时运不济则像蓬草一样，苟且性命。去掉你的娇气和过多的欲望，去掉挂在你脸上的神采、情态和过高的志向，这些都是对你的身心没有好处的东西……

老子一番谆谆告诫，结果把孔子整不会了——孔子回去以后，三日不语。不知是不是老子的话勾起了孔子内心深处的纠结：生活在一个自己不喜欢的时代，该如何自处？在礼崩乐坏的社会，鲁国的国君和大夫在孔子看来无非就是大流氓和小流氓的区别，孔子除非不做事，否则就是"两害相权取其轻"。这是时代强加于他的命运，该何去何从？

见过老子之后，孔子想了些什么，我们不得而知。只知道孔子对弟子说：见到老子远超出我的想象，他就像变幻莫测的龙一样，无人能识其全貌。

这是孔子对老子的高度评价，当然，这番教诲，大雁厥功至伟。只是，不知道身处其中的大雁，作何感想——如果能翱翔于野，谁想当你的伴手礼！谁想当你们的道德楷模！爱谁谁，雁哥我要飞，飞得更高，飞得更高啊！

要说还是擅长狩猎的蒙古人更懂大雁，图2这件元代青白瓷玉壶春瓶上的图案，是他们对大雁机警、聪慧的一种浪漫想象：只见一只大雁展翅翱翔，最有趣的是它的嘴里叼着一根芦苇，如飘带一般，给画面增添了很多动感，让我想起了敦煌壁画里的飞天。

图2 元代 青白瓷玉壶春瓶 香港大学美术博物馆 藏

但这根芦苇的作用,并不仅仅是美学意义上的,它真正的用途是用来迷惑猎人。古人射大雁,有一种猎法叫弋射——当大雁飞得不高时,用拴着绳子的箭来射,射中之后可顺着绳子拉回猎物,免去搜寻的烦恼。可当大雁叼着一根摇曳生姿的芦苇飞翔时,哈哈,安能辨我是雁还是草?我就是你头顶的一片乌云、一块黑斑,你射不中,射不中!不但射不中,小心我用芦苇缠住你的绳子,让你拉回一根草,羞死你!

想到这,大雁得意极了。我真担心它开口大笑,把芦苇给笑丢了。但是,这也只是猎人们的一种浪漫想象——大雁并不会叼着芦苇飞,因为这样飞空气阻力太大,飞不了多久就会体力不支。这只是猎人们"以己度雁"的想象,只有真正的猎手,才知道射猎过程中的痛点,想象着猎物该如何应对。这真是"内行整内行,整的更内行"。

这件元代雁衔芦苇的玉壶春瓶,器型美丽,画面生动,我在它面前驻足良久——好的作品,禁得起一而再、再而三的品读。在香港大学古老的冯平山图书馆馆中,阳光温暖,四周安静,面对着一件美好的元代影青瓷,慢慢注视、欣赏,想象着一只聪慧、机警的大雁在蓝天中恣意翱翔,为元代工匠卓绝的想象力叹服。

大雁的题材，在中国古代北方少数民族中出现得很多，也更接地气。我们说艺术是对生活的再现，很多器物上的大雁，就是古代北方少数民族生活方式的体现。从金人到辽人，再到蒙古人、满族人，"春水秋山"的题材一直很多。而"春水"，就是古代北方少数民族在春季狩猎大雁。

前几年回吉林老家，在家乡的博物馆，第一次知道我的家乡白城，从辽圣宗时起，就是辽代"四时捺钵"中春季捺钵的所在地。所谓"四时捺钵"是说辽代王室贵族随着四季更替统治中心，一边狩猎，一边巡视、处理国家大事。"捺钵"是契丹语，"大帐""行宫""行营"之意，代指统治中心。

早期北方少数民族的统治者，经常不是住在宫殿而是在大帐，"金帐汗国"名称的来历也与此有关。在哈尔滨阿城区的金大都遗址博物馆，看到仿大帐式的建筑，一下就震撼到了。东北林海雪原的寒冷、朔风扑面而来，那种苍莽、原始、粗犷的感觉让我瞬间穿越回大金。这也许就是好的建筑打动人的地方吧。

《辽史》记载，从辽圣宗太平二年（公元1022年）开始后的百年时间里，辽朝皇帝先后85次到今天白城一带进行春季捺钵，处理军国大事。

春季捺钵的另一项重要活动就是猎捕大雁。他们还会举行仪式化的"头鹅宴"，注意这里的"鹅"就是大雁。把猎到的大雁炖了，与群臣作乐。

今天，东北人还是爱吃"铁锅炖大鹅"，并把它发扬光大，大江南北都有它的拥趸。只不过这个鹅变成了家养的鹅。鹅是雁形目鸭科雁属的动物，想来味道也差不了多少。

现在大雁变成了国家二级保护动物，可以自由自在地飞翔了——不必叼芦苇，也拒当伴手礼！它们终于可以长鸣一声：孔子啊，你奈我何！

# 雁篇

雁鱼灯说……要有光！

相比之下，青铜雁鱼灯就亲民多了。这种造型，在汉代比较流行，应该是当时的爆款吧。

提到汉代青铜灯，最为人熟知的一定是大名鼎鼎的长信宫灯。关于长信宫灯的传奇，人们已听过很多——它显贵的出身、优美的造型、环保的设计、鎏金的奢华……这个出土于河北满城汉墓的青铜灯，可以说浓缩了一整个大汉的辉煌（见图1）。

图1　汉代　长信宫灯　河北博物院　藏

相比之下，青铜雁鱼灯就亲民多了。这种造型，在汉代比较流行，应该是当时的爆款吧（见图2）。

图2　汉代　彩绘雁鱼青铜缸灯　中国国家博物馆　藏

雁与鱼，都有很多美好的寓意。雁，"仁、义、礼、智、信"俱全。至于为什么，要去问孔子，他拜见老子的时候，为什么不拎别的，单单拎只大雁呢？

鱼，有多子多福的寓意。因为鱼的繁殖力强，所以取其多子之意；至于多福，是取其谐音"余"。中国文字有很多同音字，大量利用谐音成为我们文化中一种独特的表达美好寓意的方式。"余"即指多、充裕。在物质不发达的时代，人们向往充裕、富足。

记得我们小的时候，过年贴年画，流行的图案是一个大胖小子抱着一条大鲤鱼，外加数朵莲花，代表的就是"连（莲）年有余（鱼）"。现在不贴年画了，但除夕的年夜饭，也还是要吃鱼的。连年有余，对富足的执念，是我们对美好生活的向往，也是对未来的期盼。

雁与鱼，凝聚众多美好的寓意，也代表了汉代人的生活美学与人生追求——成为一个品格高贵的人，儿孙满堂、拥有享不尽的富贵荣华。汉代人把欲望表达得赤裸裸，一派天真烂漫，也许，这就是人之初的赤诚吧。

这款雁鱼灯，虽没有长信宫灯那样高贵的调性，但也和长信宫灯一样，是当时的高科技产品。因为当时灯的燃料主要为动物油脂，烟雾比较大，容易污染环境，所以这个雁鱼灯设计有烟道，烟从鱼腹、雁嘴、雁颈进入雁腹，雁腹内盛水，用来吸烟尘。灯可拆卸清洗，灯罩可转动调节光的大小与方向，真是环保又实用。

雁鱼灯虽然更大众，但也不是普通百姓能企及的，它是王宫贵族的专属。南昌海昏侯墓出土的雁鱼灯，即为海昏侯刘贺所有。关于刘贺，这个由王而帝、由帝而民、由民而侯的人，他短暂的一生实在是有太多传奇了。相比于他的经历，这个雁鱼灯倒显得有些普通，配不上它主人跌宕起伏的一生了。

有趣的是，在南昌海昏侯遗址博物馆园区，看到根据雁鱼灯设计的园区照明灯，让我会心一笑。现代化的博物馆，都知道打造自己的大IP了。

还有一种汉代青铜灯，可以说是雁鱼灯的低配版。乍一看，没有雁，也没有鱼，好像和雁鱼灯没有任何关联。但仔细观详，会发现这款铜灯的支架其实是一只雁足（见图3）。造型简约，功能强化，如同"经济适用男"一般宜家宜居。

图3　西汉　铜雁足灯　南京博物院　藏

我也见过高配版的雁鱼灯，造型和原理与普通雁鱼灯基本相同。高配主要体现在颜值，青铜上面加了彩绘，雁鱼变得更加惟妙惟肖（见图4）。看来汉代也是一个"看脸"的时代。

以前，我们总说古人"日出而作，日落而息"，但从出土的油灯和留存的墓室壁画来看，情况显然并非如此。尤其是王公贵族，夜生活那是相当的丰富。

图4　汉代　彩绘雁鱼铜灯　陕西历史博物馆秦汉馆　藏

在敦煌莫高窟唐代壁画上,表现西方极乐世界的经变画明显是唐代宫廷生活的"西方极乐版"。在画中,不仅有灯树,还有灯楼,映照出一个不夜天,歌舞升平,好一个天上人间!

唐代的老百姓,夜里也没闲着,根据出土的大量陶瓷灯即可推断。汉代有"凿壁偷光"的典故,讲的是西汉学者匡衡年少家贫,为了读书将墙壁凿一个小孔,借邻居家的光亮来刻苦学习,终有所成的故事。到了唐代,情况已明显有改观,油灯已经很普及了。

有句俗语叫"不是省油的灯",本以为只是随便一说,直到我在四川博物馆见到"省油的灯",才知道这句话原有出处(见图5)。这种"省油灯"就是在唐代发明出来的,由四川邛崃的邛窑创烧,也叫"夹瓷盏",中间为夹层,可以注水,上面点灯。水所起的冷却作用会降低灯盏的热度,减少油的过度挥发,从而达到省油的目的。

图5 唐代 邛崃绿釉瓷省油灯 四川博物院 藏

图6 魏晋 铜熨人 辽宁省博物馆 藏

过去人用不起油灯,主要不是买不起灯,而是用不起油。这种"节能降耗"的省油灯,在唐宋风靡一时。宋代诗人陆游曾描述过这种灯盏:"书灯勿用铜盏,惟瓷盏最省油。蜀中有夹瓷盏,注水于盏唇窍中,可省油之半。"

当时清贫的学子,挑灯夜读,可是在省油灯下?唐宋科举制的盛行,为灯盏创造了旺盛的市场需求,而小小的灯盏,也承载了无数人改天换命的希冀。

暗夜里的光,是希望。这光或许微弱,但希望永恒!

唐朝皇宫里则是另一番光景。唐代诗人王建在《宫词》中写道:"每夜停灯熨御衣,银熏笼底火霏霏。"这个"停灯熨衣"是什么操作?难道唐代宫女开了天眼,可以摸黑熨衣服吗?

直到这两件魏晋时期铜熨人和铜熨斗出土(图6、图7),我们才明白诗人所言不虚。原来是一器两用,铜熨人起支架作用,铜熨斗插在铜熨人上部有孔处固定。在夜里,这个铜熨斗先是作铜灯使用,加上灯油和灯捻用来照明,夜深即将休息时,先把铜灯熄灭,留下其他灯照明。然后,用高温的铜灯底部熨烫衣服。

图7　魏晋　铜熨斗　辽宁省博物馆　藏

这种情形，在唐代画家张萱的《捣练图》上也有呈现（见图8）。话说唐皇室还真是亲民，这个节约的思路和民间一脉相承。

图8　唐代绢画 《捣练图》（博物馆资料图片）

著名历史学家陈寅恪曾提出过一种新的历史研究方法，即"以诗证史"。尤其是唐代，因为有大量的诗流传，对正史是一个很好的补充。从王建的《宫词》诗看一器两用的铜熨斗，这种观点确实有见地。

青铜灯在古人的日常生活中使用了很久，直到宋代，它才慢慢退出历史舞台。

仔细观赏古代青铜灯，无论奢华还是质朴，都一如雁鱼灯，承载着先民对美好生活的向往、对更高品行的追求，历久弥新。

不动凶物猛

叫醒
文物里的神兽

海东青——一只鸟引发的战争

孔子：我没"曰"过！

今人"撒狗粮"，古人"撒鸟食"

傲娇的鹗，骄傲的人

千面朱雀，竟撞脸"二哈"？

鸟篇

# 鸟篇

## 海东青——一只鸟引发的战争

海东青属于隼科,小家伙别看小,嗷嗷厉害,被誉为『万鹰之神』。

## 1. 海东青

海东青之于女真人，绝对是神一般的存在。在东北这片土地上，最古老的民族之一——肃慎，在不同的历史时期，有不同的叫法。三代（夏商周）时叫肃慎，秦汉魏晋时叫挹娄，南北朝时叫勿吉，隋唐时叫靺鞨，宋元明时叫女真，等到清时，就是大家都熟悉的满洲了。有专家考证，"肃慎"的本意就是"海东青"，由此可见，海东青与这个民族之间有着源远流长的关系（见图1）。

图1　金代　陶海东青　黑龙江省博物馆　藏

但是，喜爱海东青的，可不只有女真人。建立大辽的契丹人，同样对海东青偏爱有加。那么，为什么这些人会如此喜爱海冬青呢？无他，狩猎使然。

无论是辽人还是女真人，都有春天捕猎大雁的习俗，而海冬青则是他们捕猎大雁的好帮手。海冬青属于隼科，小家伙别看小，嗷嗷厉害，被誉为"万鹰之神"。海冬青的飞行速度极快，追上大雁后，用锋利的双爪狠狠抓住大雁的脖子，再用尖利的喙顶住大雁的头部，把大雁硬生生地从高空按下来（见图2）。

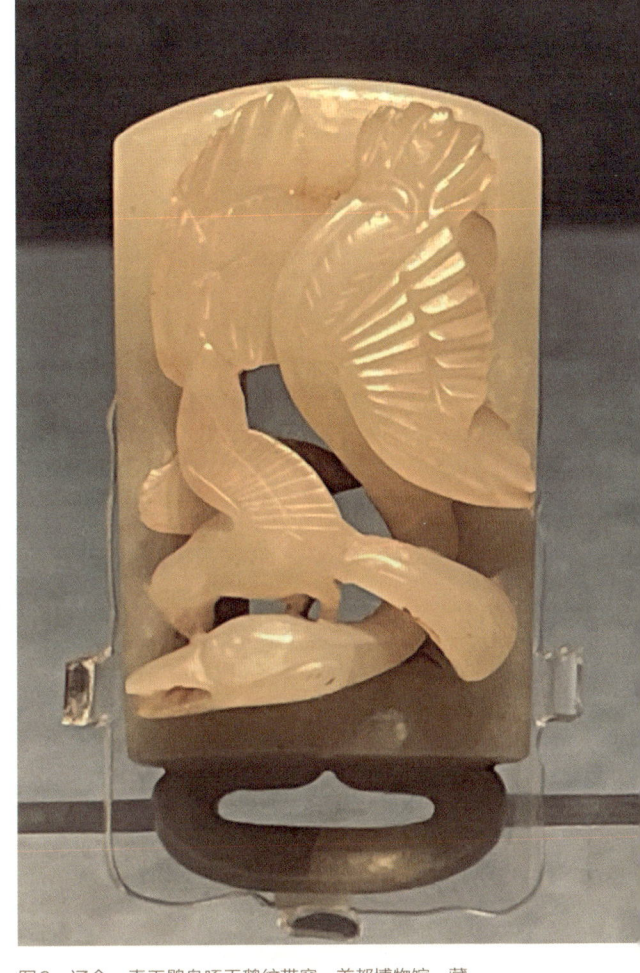

图2　辽金　青玉鹘鸟啄天鹅纹带穿　首都博物馆　藏

写到这，想起以前外公讲过的，狼怎样把村民家的猪赶到狼窝。外公说，狼非常聪明。猪的体量比狼大得多，狼不可能把猪咬死拖回窝。于是，狼就和猪并排站在一起，用嘴叼住猪的耳朵，用尾巴抽打着猪，把猪一路赶回狼窝，给狼崽子们改善伙食，吃一顿生鲜大餐。

看来，以小博大，用的都是巧实力。猎人们捕捉海冬青，再把它驯化。春天到来的时候，王公贵族们带着海冬青去捕大雁。当大雁歪歪斜斜挣扎之际，猎人纵马上前，一把抓住大雁。海冬青个小，力量不敌大雁，不能相持太久，猎人必须快速反应，把大雁拿下。

好的猎手都随身携带着刺鹅针（见图3），用它把大雁的脑撬开，赏给海冬青吃。小家伙加了餐，干起活来更有劲。刺鹅针形制都差不多，区别在材质。这把刺鹅针，玉质的把手，铜鎏金的鞘，应该为当时的王公贵族所有。

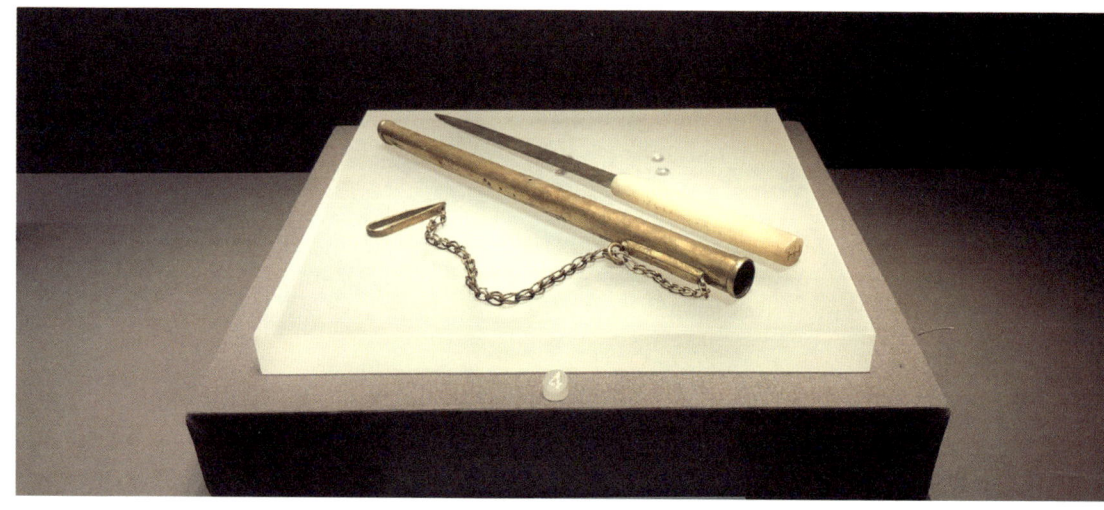

图3 辽代 刺鹅针 内蒙古博物院 藏

在今天的沙特阿拉伯，那些有钱的土豪也养海冬青一类的小型鹰隼，用以狩猎。他们还为心爱的宠物办理护照，这样，这些小家伙们就能和主人一起坐飞机了。

## 2. 因鸟而起的战争

辽朝上至王公贵族,下至普通百姓,都喜欢狩猎。辽朝的皇帝每年春天带领王公贵族们在鸭子河(今松花江)附近举行春捕大会,放海冬青捕天鹅,捕到第一只天鹅,要摆宴庆贺,名为"头鹅宴"。

当时,最好的海冬青产地,在女真人居住的五国部。辽朝让女真人进贡大量的上好海冬青,以满足他们的狩猎需求。可是,海冬青的产量有限,臣服于辽的女真人被压迫狠了,恶从胆边生……

金太祖完颜阿骨打,大金的缔造者。想当初,女真人臣服于辽,可恨辽人欺压太甚,不停索要海冬青,结果,悲剧了。这是一场因为一只鸟引发的战争。

辽人曾言:女真兵过万,则辽不可敌。完颜阿骨打带领女真人以2万人敌70万人,创造了战争史上的奇迹,也创建了大金。当然,有勇有谋的完颜阿骨打并没有蛮干,他和北宋联合,南北夹击,一举攻灭大辽。

都说"不怕狼对手,就怕猪队友"。北宋,恰好就是这个猪一样的队友。而且,和猪一样,没本事还贪吃。当初,北宋派使者泛海赴金,签订了海上之盟。根据协定,女真人从北往南攻击,取辽中京大定府;北宋从南往北攻击,取辽南京析津府。辽亡后,宋将原给辽之岁币转纳于金,金把曾经被辽占领的燕云十六州归还给宋。

当时宋的统治者是被后世称为"古代第一文艺男青年"的宋徽宗。宋徽宗的特点,简单点说,啥啥都行,就治理国家不行。一个皇上琴棋书画,样样精通,谁说的"不要用你的业余挑战别人的专业",宋徽宗就是挑战专业的钉子户——还有谁不服?

宋徽宗皇帝,硬是能凭一己之力独创一种字体,即著名的"瘦金体"。虽说众人对瘦金体的喜好不同,但其历史地位不可撼动。对瘦金体的评价,我很想借用木心先生对《红楼梦》中的诗的评价。他说:"《红楼梦》中的诗,像水草,在《红楼梦》这片水中,就灵动美丽,可一离开水,就干涩无味。"

在我看来,瘦金体字要和画结合在一起。在画中,字也明艳动人,可一离开了画,就干枯细瘦,缺了精神气。不过,不管怎样,还是要感谢宋徽宗的才华,今天电脑输入法中的仿宋字,即来源于瘦金体。

这样一位才华横溢的皇帝,偏偏治理国家不行。不行也就罢了,又偏偏心比天高。燕云十六州被后晋的开国皇帝石敬瑭割让给契丹,从公元938年开始,已经脱离中原快二百年了。宋徽宗想把燕云十六州拿回,列祖列宗没有做到了,他做到了,这样去见地下的祖宗,该有多风光!虽然宋徽宗干得不行,但他想得美呀!

理想很丰满,现实很骨感。拉垮的北宋军队,真是有多大脸,现多大眼。女真人从北往南打,打得辽人溃不成军。溃败下来的辽军,一路往南逃窜,与从南往北打的北宋军队遇个正着。就是这样的败军,打得北宋军队满地找牙,差点全军覆灭。还是女真人一路追杀过来,打败辽军,也顺带救了北宋。

这样的战斗力,让女真人认清了北宋的实力,也为北宋最后的覆亡埋下了伏笔。

金太祖完颜阿骨打灭完辽之后没几年，金太宗完颜吴乞买直接顺手灭了北宋，结束了"中国第一文艺男青年"宋徽宗的艺术生活。从此，宋徽宗的生活不只有眼前的苟且，还有远方、比远方更远、无尽的远方——徽、钦二帝被金人掳到了遥远的五国城。

## 3. 大金与大清

女真人建立的大金继承了辽的很多传统，但更多的是学习宋的文化。金章宗完颜璟也是一位文艺的皇帝，和宋徽宗有一拼。金章宗对汉文诗词有精深的修养，同时也是帝王知音律者五人之一，书画造诣非常高，他的瘦金体书法与宋徽宗如出一辙。这一点从金章宗在《女史箴图卷》的题跋上即可看出（见图4）。

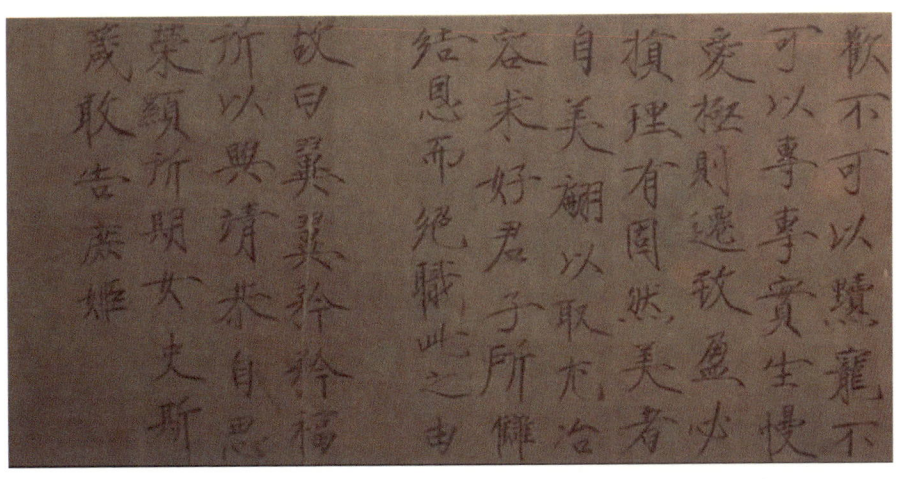

图4 金章宗《女史箴图卷》题跋（博物馆资料图片）

图5　金代　菊花铜镜　黑龙江省博物馆　藏

如果一定要说金章宗与宋徽宗之间有什么区别，那就是金章宗还是一个好皇帝，他统治时期是金朝最为繁盛的时期，史称"宇内小康"。宋徽宗与金章宗之间，隔着一个盛世。

金代的菊花青铜镜，如此秀美（见图5）。透过这一面铜镜，仿佛可以看到宋代的文化影响，金朝努力学习汉文化，金章宗的瘦金体书法几可乱真，宋徽宗如果地下有知，表情一定很复杂吧——是该哭呢还是该狠狠哭呢？金人这样的文化面相，也难怪元朝时"民分四等"，金人被列为第三等，看看，哪还有一点北方民族剽悍的样子？

但是，肃慎族系就像是打不死的小强，他们创造的神奇从未停止："海东盛国"渤海国，雄居东北二百多年；完颜阿骨打开创的大金，曾让陆游"铁马冰河入梦来"；明末，沉寂了四百年的满洲人又悄然崛起，开创中国历史上最后一个帝国时代，还顺带丰富了我们的电视剧产业，在清宫剧里，我们认识了另一个大清……

清代玉雕摆件，有胳膊上架着海东青的女真人形象。晚清八旗的纨绔子弟，架鹰遛鸟，莫不是在向祖先致敬？

清代，有很多"春水""秋山"题材的玉雕，其中的"春水"表现的就是春天用海冬青捕猎大雁。上海博物馆的这件清代巧色玉雕（见图6）表现的就是这一题材。上面的海东青，用深色的玉料来雕琢，白色的部分则用来雕刻下面的大雁，海东青捕猎大雁的关键瞬间，被形象生动地刻画出来，真是一件难得的艺术珍品。

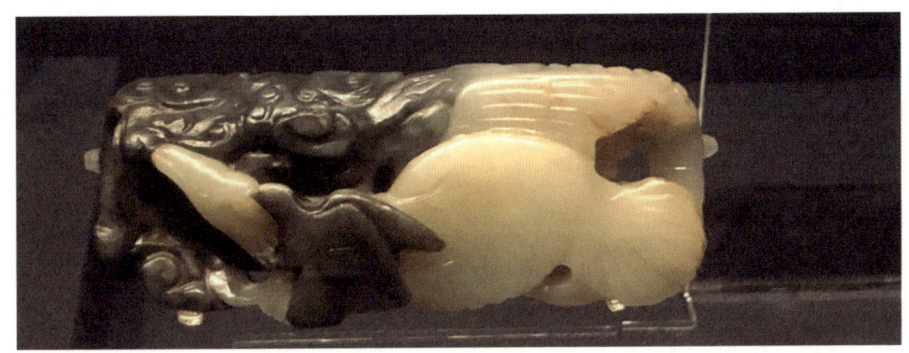

图6　金代　春水玉饰　上海博物馆　藏

不管在哪里，这个渔猎民族始终没有忘记，曾经的沧海，梦里的故乡。

海东青是这个民族灵魂深处的皈依。他们在这一场注视里认识自己、确认自己，也终于知道自己将魂归何处。

鸟篇

孔子：我没「曰」过！

我们经常误读孔子，还冒用『子曰』，如同现在流行的『鲁迅说』。孔子如果地下有知，可能也会挣扎着爬起来，曰：我没『曰』过。

图1中这个叫作"鸠"的汉代漆器（复制品），是当时七十岁以上老者用的手杖杖首，不只是装饰作用，还有特殊用途。

图1　汉代彩漆鸠杖首（博物馆复制）

鸠鸟是一种很神奇的鸟，传说为"不噎鸟"。人老了以后负责吞咽食物的会厌软骨功能会退化，吃饭常会呛食。鸠鸟的寓意是希望老人像"不噎鸟"一样，吃饭不呛食。吃得好，"吃嘛嘛香，身体倍儿棒"。

有意思的是，古人把身体的好坏与吃饭简单粗暴地联系在了一起。如"廉颇老矣，尚能饭否"？看一个人身体好不好，先看他能不能吃。

无独有偶，公元234年，诸葛亮率领蜀军伐魏。司马懿惨败后，坚守拒战，诸葛亮派使者送去女人衣服诱战。老奸巨猾的司马懿欣然接受，并关切地问起了诸葛亮的饮食情况。得知诸葛亮"食少事烦"，他就放心了，断定诸葛亮"命不久矣"。

饭量的好坏上升到寿命的长短，这样的评判标准，让今天那些流行吃几粒米的明星情何以堪？

汉代，国家给七十岁以上的老人颁发鸠杖（见图2、图3）。在当时，能活到七十岁，绝对是长寿。手持鸠杖的长者，他们的子女可以免税，安心照顾老人。这是汉代"孝"文化的一种体现。

图2　汉代　铜鸠杖首　河北博物院　藏

图3　汉代　鸟形铜杖首　河南博物院　藏

"罢黜百家，独尊儒术"的汉代，儒家文化中的"孝道"被大力倡导。比如"守孝三年"，在汉代就成了一种约定俗成。孔子本人对"守孝三年"的解释是："子生三年，然后免于父母之怀，夫三年之丧，天下之通丧也"。

我们人类是很独特的存在。不像小鹿、小马，生下来不久就能立、能走、能跑。人类不行，因为我们都是早产儿。随着人类的进化，我们越来越聪明，脑容量也越来越大，但这同时也带来一个严重的问题，那就是生育困难，人类只好把未发育成熟的婴儿提前产下。因此，每一个婴儿都需要父母长时间的照料，也就是孔子所说的"三年免于父母之怀"。

不管孔子给出的"守孝三年"的理由合不合逻辑，我们要看到，孔子强调守孝三年，其实是想通过这样一种仪式化的行为，进行"孝"的教育。

父母养育孩子是本能，这是写在我们基因密码里的，是一个种群延续的基础。但子女照看父母却不是，需要通过教育与奖惩机制才能形成。

在没有社会养老保障的时代，老有所养要靠子女的"孝"来实现。所以，倡导"孝"也是让一个社会良性运转的基础。

孔子的教育，还是比较和风细雨的，他倡导"守孝三年"，弟子宰我不同意老师的观点。孔子说："父母去世，你吃好的，穿好的，心安吗？"宰我说："心安。"

估计孔子此时的内心是崩溃的，但孔子只是轻描淡写地说："你心安，那你就去做吧。"宰我刚走，儒雅的孔子忍不住地骂："宰我，你这个小人！"

每次读到此，我都忍不住莞尔一笑。为孔子，为这个可爱的真性情的老人。

到了汉代，情况已大不相同。有了统治者的加持，除了倡导，还可以利用社会奖惩机制。汉代为了鼓励"孝"，甚至推行"举孝廉"的选官制度，也就是说，一个人因为"孝"突出是可以当官的。

结果,"举孝廉"的制度带来两个明显的恶果:一个是表演"孝";一个是助力士家大族的兴盛。

老子说:"大道废,有仁义。智慧出,有大伪。"诚然。在利益面前,总有人长袖善舞。汉代的"三年之丧",被有些人延长到六七年,甚至住在墓地,这么悲伤,却年年生孩子。

而普通人不管怎样"孝",如果不达到极致,不玩点邪的,在过去的信息传播渠道下,都很难让上面选拔的领导知道。领导更容易知道的是士家大族的子弟,"举孝廉"也就变相成了在士家大族中选优。

到了宋明理学盛行,"孝"的跑道上,开始内卷。人人争当影帝,个个苦练演技。"二十四孝"开始频繁出场:戏彩娱亲、郭巨埋儿、卧冰求鲤……

今天,虽不再靠"养儿防老"了,但我们的文化依然倡导"孝"道。

我们去景点玩,看看哪些人可以享受优惠政策,能明白很多道理。毕竟真金白银的爱,才叫"真爱"啊。我们的优惠政策一般是老人、小孩、军人免票;学生半票。可以看出我们"尊老爱幼"的文化,也可以看出对军人的爱戴,对学生的爱护。

有很多电视上播出的公益广告,也是在传播"孝"。如那则著名的患老年痴呆症的父亲偷偷给儿子装个饺子,说"我儿子最爱吃这个"。这个广告其实是根据真实事件改编的。那句台词曾经感动了无数人:他忘记了一切，却从来没忘记爱你。这和孔子说的"三年免于父母之怀"其实是一脉相承的，强调"爱"是"孝"的基础。

新加坡作家尤今曾写文，说看到女儿穿着她新买的皮鞋在家里走来走去，细问之下才知道，女儿怕新鞋磨脚，先替母亲把鞋磨合好。尤今感动至泪下，女儿却回忆说：小时候自己患病，不肯上床睡觉，母亲整夜整夜地抱着她，哄她入睡……

"孝"是一种美德，但"孝"并非无条件的。孔子也讲"父慈子孝"，无条件的"孝"其实是一种道德压迫。在这样的压迫下，并不会产生真正的"孝"，只不过是心不甘、情不愿地表演罢了。

我们经常误读孔子，还冒用"子曰"，如同现在流行的"鲁迅说"。孔子如果地下有知，可能也会挣扎着爬起来，曰：我没"曰"过。

# 鸟篇

今人『撒狗粮』，古人『撒鸟食』

在世间所有的爱中，母爱堪称最伟大、最深情、最无私。

图1中的这件西晋时期的青釉盖罐，有一个很特别的双鸟盖钮。这两只小鸟相对而立，彼此亲密无间，鸟喙紧挨在一起，如同对吻。今人爱说"撒狗粮"，原来一千多年前的时候，流行的是"撒鸟食"。

图1　西晋　青釉四系带盖水盂　南京博物院　藏

看见这只瓷罐，我总是想当时烧制它的工匠，他是在热恋中吧，心里、眼里都是满满的爱，作品才有了这样温情脉脉的对视。让千年之后的我们，凝视着这件作品，回望爱的美好，心里泛起点点涟漪。

说起这样亲密无间的作品,想起了湖南省博物馆的西晋青瓷对书俑(见图2)。这两个对书俑,在一起深情对视,距离近到几乎碰到鼻子。对此,今天的人不免展开联想。哎,人们想多了。其实这是两个相对而坐的校书吏,文献上有记载:"一人持本,一人读书,若冤家相对。"原来,我们眼中的深情对视,在古人的笔下,竟是"冤家相对"。

图2 西晋 青瓷对书俑 湖南博物院 藏

这件对书俑,也是迄今所见唯一的对书俑,反映的是古人校对书籍的场景。如果一定要联想,那就是今天的两个"加班狗",正在深夜赶工。是不是一点也不浪漫,还有点像正在熬夜加班的我们自己。

图3 麦积山第121窟

但是,也真的不能怪今人瞎联想。我仔细看了,问题出在眼神上。你们校书,不是应该盯着书本吗,四目相对,难道从他人的脸上读出了故事?又或者,这就是古人上班"摸鱼"的瞬间?

这样亲密的相伴,还有甘肃天水麦积山第121窟的"窃窃私语",也是麦积山石窟的三大名片之一(见图3)。只见一个小沙弥和一个小比丘,他们站在一起,身体微微前倾,脸上挂着微笑,像是听了佛法,了悟之后的喜悦,又像是在讨论什么。

他们彼此靠得很近,欢欣的表情看起来像恋爱中的情侣。其实,这只是历史造成的一个浪漫的误会。这两尊塑像历时已久,基础有些不牢,产生了轻微的倾斜,因此才呈现出今天我们看到的样子。

相比图4中的这件五凤铜熏炉,前面的相依都弱爆了。这件东汉时期的铜熏炉,五凤不是距离近,而是长在了一起。只见托盘上立着一只威风凛凛的大凤,它的双翅上各立一只小凤,尾羽上也立着一只,最有趣的是前胸上还挂着一小只。简直就是相亲相爱的一家人。

图4　东汉　五凤铜熏炉　河南博物院　藏

　　五凤代表着吉祥如意、天下太平的美好寓意。五凤铜熏炉是用来熏香,在汉代,贵族熏香很普遍,就像是今人用的香水。而且,古人讲究起来,一点也不比今人差。

　　图5中的这件西汉南越王国博物馆出土的四格熏炉,格与格之间不相通,每一格都可以独立放香。通过在不同的格放不同的香,这件简单的四格铜熏炉就可以调配出15种香味(感兴趣的可以计算一下这道数学题,很有趣)。

图5 汉代 四格铜熏炉 西汉南越王博物馆 藏

最后,送上终结者——汉代鸠杖首(见图6)。在世间所有的爱中,母爱堪称最伟大、最深情、最无私。这只鸟妈妈把两只幼鸟叼在嘴里,真是"捧在手里怕摔了,含在嘴里怕化了"一般的疼爱。都说"世上只有妈妈好,有妈的孩子像块宝",看到这两只幸福的小不点,活在妈妈的呵护下,真是温暖又治愈。

图6 汉代 鸟形铜杖首 河南博物院 藏

走在人生的漫漫长路上,日子平凡而琐碎,正是这无数温情的瞬间,给我们感动,让我们有勇气面对每一个朝阳再起的明天。

# 傲娇的鹄，骄傲的人

那样的一个时代，这样的一个女人，妇好，又何尝不是一只昂首挺胸、神气十足的鹄呢？

鸟篇

图1 商代 "妇好" 青铜鸮尊 河南博物院 藏

图1中的这件著名的商代青铜鸮尊，是河南博物院的镇馆之宝。鸮尊，是古代盛酒器。古代的尊主要有两种器型，一种是大型的敞口器，如四羊方尊；一种是小型的动物造型的容器，如收藏在山西博物院的鸟尊。

酒器尊很容易成"网红"，尤其是动物造型的尊，也许是它们的样子比较可爱吧，在这样一个看脸的时代，"颜值即正义"。山西博物院收藏的周代青铜鸟尊，不但是镇馆之宝，还是博物院的院徽，远远走来，最先看到的就是它的"盛世美颜"（见图2）。

图2　山西博物院院徽

图3中的这件鸟尊出土于晋侯墓内,是由两种动物拼合而成。前部是凤鸟的形象,鸟回头张望,羽冠高高耸起,颈部的羽毛刻画得生动精细。尾部却换作一头大象的头,象的长鼻支地,与鸟的两爪一起形成稳定的支撑。器物的盖钮上还有一只小鸟,轻盈灵动。如此新奇的创意、精美的工艺,让这件鸟尊呈现出一种王者气度。

图3　周代　鸟尊　山西博物院　藏

但是,这还不是最重要的,这件鸟尊最有价值的地方在于它还有铭文,位于鸟尊器盖内侧和器身两侧。铭文中出现的"晋"是迄今为止"晋"字第一次出现在金文中。根据铭文记载,我们得以知道,这件鸟尊是放在晋国都城的宗庙中进行祭祀的彝器。怪不得这么尊贵,原来祖上就是"大户人家"。

2019年的假期,我去山西博物院参观。那一年,正逢博物院成立一百周年纪念,气氛很热烈,有很多展示,用的就是鸟尊的"尊容"(见图4)。我没想到山西博物院历史这么悠久,一时竟很感慨。

图4 山西博物院百年院庆鸟尊装置

参观累了，我在馆内小咖啡厅休息，咖啡端上来的时候，我一下子笑了，杯中的拉花，依旧是鸟尊与一百周年的数字，真是用心了。一百年的风雨兼程，不容易，鸟尊见证着历史的变迁。

河南博物院的鸮尊，尺寸比鸟尊大许多，也更有气势（见图5）。如果说鸟尊贵在典雅精致，鸮尊则以气势磅礴取胜。这只鸮靠双足与尾部形成稳定支撑，而且，因为它的体量更大，尾部的支撑面也加大，使其更加牢固。

图5　商代"妇好"青铜鸮尊　河南博物院　藏

以动物命名的尊，其实都不止一个动物，而是跟个小动物园似的，每个角度都暗藏玄机。鸮尊的器盖上还有一只小鸮，从正面看，正好位于大鸮两只立耳的中间，虽然小，但高高在上，看起来很威风。

和鸟尊一样，这件鸮尊也有铭文（见图6）。通过铭文，我们知道，鸮尊还有一个大名鼎鼎的主人——妇好。妇好是商王武丁的妻子，也是领兵打仗的女将军。鸮在商代被誉为"战神鸟",所以,鸮尊出现在女将军妇好的墓中,似乎也符合它的身份。那样的一个时代,这样的一个女人,妇好,又何尝不是一只昂首挺胸、神气十足的鸮呢?

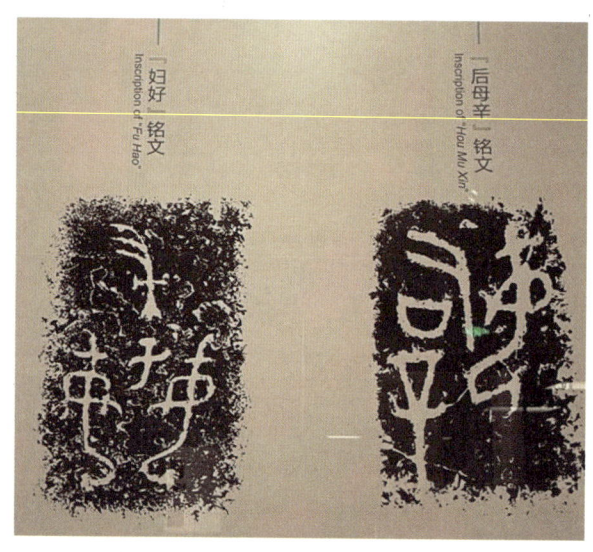

图6　妇好鸮尊铭文(博物馆资料图片)

妇好墓位于河南安阳殷墟。殷墟是商代晚期(公元前1300年—公元前1046年)的都城,是中国古代青铜器最繁荣的时期之一。遗址中的宫殿宗庙区拥有80处房屋地基,还有唯一一座保存完好的商代王室成员大墓"妇好墓"。要了解商王室墓葬,只能通过"妇好墓",因为商王大墓没有一座保存下来,不是后世盗墓,而是被取而代之的周朝统治者系统性破坏的结果。

周朝统治者为什么要破坏商王的大墓呢?其实是因为古人比较迷信,捣毁商王墓是为了破坏商的风水、断了它的龙脉,让它不再成为威胁。

那妇好墓为什么留存下来了呢？因为妇好墓并不在王室陵墓区，而是在宫殿区。妇好作为商王武丁的妻子，是一位杰出的政治家，同时也是中国历史上有据可查的第一位女将军。妇好与武丁经常一起领兵出征，在生死莫测的战斗中结下了非常深厚的情谊。

妇好英年早逝，武丁悲痛不已，把她葬在了离自己很近的宫殿区，想念她的时候，可以眺望陵墓。妇好墓也因此躲过一劫，留存到现在，让我们可以借由它管中窥豹。

在商代留存的青铜器中，鸮的形象非常多。图7中的这件河南博物院的提梁卣，也是盛酒器，双鸮的造型，制作非常精美，身上刻满了纹饰。商代很多青铜器，像得了"文身癖"，满身刻纹，这些纹饰有底纹、有主纹、有阴刻、有浮雕，装饰技法非常丰富。

图7　商代　鸮铜卣　河南博物院　藏

可是，商代以后，鸮的形象就渐渐消失了。这并不是什么自然选择的结果，而是继之而起的周朝统治者有意为之。面对在政治、经济、文化上比自己强大得多的商王朝，偏远的周虽然在"牧野之战"中取胜，一举夺得政权，但清楚地知道自己实力的周王室，内心难免有些惶恐。

周朝统治者开始了各个方面对商的削弱，前面提到捣毁商王陵墓，就是他们的操作之一。此外，他们还把商贵族遗老遗少迁到一起居住，也就是今天河南的商丘，方便他们管理和监视。这样一群有文化的贵族，既不让他们当官，也不给他们地种，被逼无奈的商人，只能做点小买卖，这也是今天我们管做生意的人叫"商人"的来源。

不仅如此，连商人崇尚的战神鸟——鸮，都没能幸免，真是"覆巢之下，安有完卵？"周朝统治者对鸮进行了一系列的诋毁，说鸮"食母"，是不祥之鸟。就这样，鸮一下子跌落神坛，从高高在上的"战神鸟"变成了"不祥之鸟"。而且，这个恶名，一背千年。

鸮是我国古代对猫头鹰一类鸟的统称。猫头鹰有尖利的喙，一双瞪得溜圆的大眼睛，一看就是不好惹的主。几乎所有猫头鹰都不能转动眼球，当它要四下观望的时候，只能不停地转动头，而且，它的头转动幅度能达到270度，这让它看起来不但像有多动症，行为还很怪异。猫头鹰的叫声也不好听，夜里听起来像哭似的。所有这一切，都增加了猫头鹰的神秘，再加上历史上流传千载的污名化，让人们对猫头鹰有很多误解。

好在，随着人们对猫头鹰的了解，现在这种情况有所改变，猫头鹰又成了智慧的化身，"得到"App的Logo就是一只猫头鹰的形象。被正了名的猫头鹰，再看起来是不是很呆萌可爱呢？万事万物，都在一念之间。

河南博物院这只三千多年前的鸮尊，走过漫长的风雨历程，在无数双凝视的目光里，依旧昂着它高傲的头颅，仿佛在告诉我们："我们是谁，从哪里来，到哪里去？"

鸟篇

千面朱雀，竟撞脸『二哈』？

可怜镜中人，一笔一画地涂抹，那么用心，那么失望。『春如旧，人空瘦，泪痕红浥鲛绡透……莫、莫、莫！』

朱雀的形象，最多是以四神之一出现在建筑瓦当中（见图1）。我们常说"秦砖汉瓦"，汉代建筑中的"瓦"在历史上非常有名。瓦分筒瓦与板瓦，互相压叠，用于建筑屋顶。

图1　汉代　朱雀瓦当　陕西历史博物馆　藏

在汉代高等级建筑中，四神瓦当比较普及，每个方位都有自己的神灵。有时候仅仅通过四神就能辨识自己所在的方位。

图2中的这套汉代四神瓦当是建筑构件,瓦当是屋顶筒瓦的最后一块,通常上面会有一个孔,插钉插入孔中来固定这一排筒瓦。瓦当正面的图案,则主要起装饰作用,四神瓦当,也起方位作用。

图2 汉代 四神瓦当 河南博物院 藏

许是因为流行过的港台片,我问学生,四个方位分别是什么神灵时,他们脱口而出,"左青龙,右白虎"。我笑了,追问道,那青龙到底在哪个方位呢?他们表情有点晕,这就是不求甚解的结果。

其实,当我们说"左青龙,右白虎"的时候,方位是以帝王的坐北朝南而论,这时的"左"就是东方,"右"就是西方。所以,东方是青龙,西方是白虎,剩下两个方位,南方是朱雀,北方是玄武。

唐代建筑也大量使用四神瓦当。

当我们说唐代李世民通过发动"玄武门之变"夺取政权时,如果知道四神的方位,就应该知道,李世民是在北门发动的军事政变。这就是知识带来的优越感。

一次,朋友说在她们小区的水系发现了一条小蛇,旁边的石头上,还趴着一只不知是被放养还是走丢的小龟。另一个朋友打趣道,说得那么复杂,不就是发现了一个玄武(见图3)吗?大家都笑了,朋友感叹,没点文化,都接不上你们的梗了。

图3 汉代 玄武瓦当 陕西历史博物馆 藏

四神当中，除了玄武，其他的形象也经常单独出现。朱雀的形象就经常出现在日用品中，也许是它的"美容仪"，很适合作装饰。

只是，图4中的这件汉代朱雀青铜灯，说好的"美容仪"呢？这只朱雀，看侧面尚可，看正面，神似"二哈"。这呆萌的样子，还哪有一点朱雀的气势？看人家瓦当上的朱雀，羽毛舒展，双翅飞扬，昂首挺胸，抬起右脚，趾高气扬，妥妥的皇家范儿。这只搞笑的朱雀，莫不是被"二哈"附体了？不只是朱雀，还有它脚底下的龙，哪还有一点龙的气势，一副受气样。这两位，真是丢尽了四神的风骨！

图4　汉代　铜朱雀灯　河北博物院　藏

图5中的这件河北满城汉墓出土的朱雀衔环杯总算是给朱雀找回了一点面子。青铜鎏金的外表，让这只朱雀充满了奢华范儿。衔玉环、嵌绿松石，金玉良缘，代表了多么美好的愿望啊。

图5 汉代 铜朱雀衔环杯 河北博物院 藏

这件朱雀杯是汉代女子调和化妆品的用具，出土的时候，里面还存有朱红色的痕迹。这不是一件普通女子可以奢望的化妆杯，它是贵族女子的专属。这么华美的用具，要怎样的盛世美颜，才配得上它的尊贵？

"女为悦己者容。"这件从中山靖王夫人窦绾墓出土的奢华用具，不知是否打动了她的夫君刘胜的心？史料对中山靖王刘胜的记载不多，他最大的功绩，好像就是在同父异母的弟弟汉武帝面前的一场哭诉——不行啦，我们这些王室子孙被当地官员欺负得不行啦！

这个情况可能属实，汉景帝时发生了"七王之乱"，这之后，对王室子孙的监管比较严。景帝之后，武帝执政，政策可能还是延续景帝之时的严政。刘胜在家宴上一通哭，涕泪横流，还真让武帝放宽了对他们的管治。

除此之外，刘胜好像就乏善可陈了。历史记载说他好酒色，子女有一百二十多人。什么样的盛世美颜，在这位王面前，估计都是过眼云烟了。

可怜镜中人，一笔一画地涂抹，那么用心，那么失望。"春如旧，人空瘦，泪痕红浥鲛绡透……莫、莫、莫！"

# 后记

谢谢大家的关爱、支持与陪伴,有你们,『吾道不孤』。

《动物不凶猛：叫醒文物里的神兽》终于要付梓，在这个深冬的寒夜，回想写作过程中的点点滴滴，心生感慨。

这本书能面世，要感谢编辑潘飞老师。这一路走来，我们都经历了很多，关于书、关于各自的人生路。我们的谈论，早已超出了书的内容，成为朋友之间的互相激发。书一旦完成，就有它自己的命运，会走完它自己的路，但朋友常在。

也要感谢把潘飞老师介绍给我的好友王怡，人与人之间的缘分，真的很奇妙——始终记得那个爱花、爱生活、爱世间一切美好的奇女子。

书写的过程中，和好友大海哥（沈黎海）、大眼（蒋丹）有过很多交流，感谢他们聆听我的想法，成为我最早的读者，并为我提供建议。

谢谢清华大学的常铻师兄，和他的讨论让我受益良多。不管什么问题，他总是能给我很多启发，让原本的"山穷水尽"变成"柳暗花明"。

这本书，是我近二十年的累积。感谢那些教我文博知识的老师，虽然他们并不记得我这个旁听生，但对他们，我始终心存感激。

特别感谢胡瑞芸师姐的陪伴，作为清华美院的高才生，她用自己的专业知识丰富我、感染我。想起我们一起走过的路、看过的展览，那些共同的记忆，那些美好与辛劳，相信命运会成全我们的努力。

谢谢林怀宇师姐一直以来的帮助与支持。这个在上海博物馆做过志愿者的复旦大学师姐，和我有着共同的爱好，也因为这个爱好，让我们成为更好的朋友。

还有为本书贡献了书名的陈泓师姐，她的睿智和对我写作的帮助，使这本书以这样的面目呈现。

除了上面提及的三位师姐，我们的文化之旅小分队的李旭、何春柳、钟磊都在一起看展的过程中，为我提供了灵感，谢谢她们的陪伴与关爱。

也感谢所有我线上与线下讲座的听众，特别感谢刘建刚师兄、好友孙梅、朱玉玲……有你们，"吾道不孤"。

最后，我想谢谢小宝（我的猫）。那么多的静夜，我在码字，它在电脑旁睡得鼾声四起。都说"陪伴是最长情的告白"，小宝，谢谢你的深情。"我说这世上所有的酒，都不如你。"

欢 颜

2023年12月